LIDERAZGO

Las Habilidades Del Liderazgo Para Influenciar, El
Crecimiento Personal, La Motivación
(Ser Mejores En La Comunicación, La Motivación Y
La Influencia De Las Personas)

Adam Leal

Publicado Por Daniel Heath

© **Adam Leal**

El Liderazgo: Las Habilidades Del Liderazgo Para Influenciar, El Crecimiento Personal, La Motivación (Ser Mejores En La Comunicación, La Motivación Y La Influencia De Las Personas)

ISBN 978-1-989808-20-7

Este documento está orientado a proporcionar información exacta y confiable con respecto al tema y asunto que trata. La publicación se vende con la idea de que el editor no esté obligado a prestar contabilidad, permitida oficialmente, u otros servicios cualificados. Si se necesita asesoramiento, legal o profesional, debería solicitar a una persona con experiencia en la profesión.

Desde una Declaración de Principios aceptada y aprobada tanto por un comité de la American Bar Association (el Colegio de Abogados de Estados Unidos) como por un comité de editores y asociaciones.

ningún tipo de consentimiento y la publicación de la marca registrada es sin el permiso o respaldo del propietario de esta. Todas las marcas registradas y demás marcas incluidas en este libro son solo para fines de aclaración y son propiedad de los mismos propietarios, no están afiliadas a este documento.

TABLA DE CONTENIDO

Parte 1

¿Para quién es este libro?

¡Felicitaciones! Si ha tomado este libro, es probablemente porque ha obtenido un rol de liderazgo o dirección. Esto puede implicar una promoción, y un nuevo reto que leexigirá en lo personal y en lo profesional. Posiblemente no logre conciliar el sueño, ansioso por lo que le espera. Se estará preguntando si sus colegas de trabajo van a respectarlo, si su equipo va a verlo como una figura con autoridad, si otros en su lugar de trabajo van a verlo diferente por consecuencia de su nuevo trabajo, si puede lograr los objetivos para su jefe directo… y la lista continúa. Tiene mucho que pensar al respecto, y podría empezar a entrar en pánico.

No tema. Este libro puede ayudarlo. Vamos a echar un vistazo a los temores y problemas más comunes que enfrenta un nuevo líder, y porque es importante tomar una postura pro-activa en desarrollo de su potencial de liderazgo.

Incluso los líderesmás consumados empezaron donde usted está – nerviosos acerca de la siguiente etapa en su vida profesional. La manera como usted se siente ahora es completamente normal, y puede superarlo siempre que esté dispuesto a dedicar el tiempo y el esfuerzo para comprender los obstáculos más comunes del liderazgo a los que se enfrentan los nuevos líderes y cómo pueden resolverse. ¡Aprenderá cómo ganarse incluso a colegas incómodos!

Comencemos echando un vistazo más de cerca a esas preocupaciones.

1. *Que no sea competente; que su conocimiento simplemente no sea suficiente para el rol.* No importa cuánto tiempo haya estado en una empresa, es posible que sienta que aún carece de la capacitación adecuada para su nuevo cargo. Si se está reubicando a una nueva organización para asumir por primera vez un rol directivo, entonces también se enfrenta a la ansiedad habitual que conlleva el hecho de ser un 'nuevo empleado'.

2. *Que las personas que han mostrado fe en usted se sentirán decepcionadas.* El

hecho de que un mentor duradero, o jefe al que respete, le otorgue un ascenso es un fabuloso cumplido, ya que le concede una referencia elogiosa de un jefe anterior, que le permite pasar a un trabajo mejor pagado y con más responsabilidades. Sin embargo, el inconveniente es que puede sentir una sensación de presión. ¿Qué pasa si usted tiene un desempeño inferior y decepciona a los que han mostrado confianza en usted?

3.   *Que,como resultado de su promoción,puede perder algunos amigos en el trabajo*. Si ha trabajado con el mismo grupo de personas durante meses o incluso años, puede haber cambios en la dinámica interpersonal en caso de ser promovido. Ahora puede que tenga que dirigir a las personas que considera amigos. Esto puede afectar significativamentesu vida social. Debería estar preparado para la posibilidad de que, si permanece en la misma empresa para ocupar un cargo directivo, es posible que algunas personas ya no puedan percibirlo de la misma manera, y algunas incluso

pueden sentirse intimidadas o ser demasiado envidiosas como para continuar su amistad.

4. *Que pasará demasiado tiempo administrando personas y sin tiempo suficiente para impulsar el negocio.* Se supone que un líder debe liderar, y los gerentes deben gestionar. Sin embargo, es posible enfrascarse demasiado en detalles pequeños a costa del avance en los objetivos de la empresa. Los nuevos gerentes a menudo se preocupan,por ejemplo,de pasar demasiado tiempo en reuniones, a expensas de sus otros deberes.

5. *Que estará en capacidad de manejar compañeros difíciles.* ¡Este puede ser el asunto más preocupante en la lista! Hay una buena razón por la que los líderes competentes son tan respetados y, a menudo, bien pagados: gestionar un equipo y obtener de ellos el mejor rendimiento posible, es un trabajo arduo por muchas razones. En algún momento de su carrera como líder, tal vez incluso desde el primer día, tendrá que lidiar con

compañeros de trabajo que son de mal genio, mandones, torpes o simplemente difíciles.

Una lista bastante extensa, ¿No es así?Afortunadamente, este libro le indicará cómo manejar los problemas comunes que puede prever enfrentar. Implemente las ideas que encuentre aquí y podrá esperar los siguientes resultados:

1. *Sus habilidades sociales mejorarán.* Una vez que entienda lo que las personas buscan en un líder e intente relacionarse con ellos de manera acorde, se sentirá más cómodo en entornos sociales. Esto aumentará su seguridad en su capacidad para comunicarse con otras personas y comprender los deseos, necesidades y problemas de cada miembro de su equipo.

2. *Podráconseguir el desempeño posible de su equipo.* Un buen líder aumenta la moral del equipo. Incluso cuando las cosas van mal o la compañía se enfrenta a múltiples contratiempos, un líder inspirador obtiene resultados.

3. *Podrá compartir su experiencia con otros.* Un líder consumado aporta al rol, no

solo su 'don de gentes', sino también su conocimiento previo. A medida que se consolide como un líder digno de respeto, se le brindarán muchas oportunidades para compartir su conocimiento práctico y de la industria a las personas que dirige y esto puede ser muy gratificante. Una vez que por un tiempo haya liderado con éxito, también podrá compartir otro tipo de conocimiento, ese que viene con lafructífera experiencia de la gestión. Puede tener el privilegio de asesorar a otros líderes y desarrollar relaciones profesionales enriquecedoras.

4. *Podrá tener más influencia en la empresa.* La promoción a un rol de administración indica que ha demostrado su potencial para hacer una diferencia perdurable en la organización. Múltiples 'stakeholders'lo observarán para ver qué tipo de huella deja en la empresa. Si bien esto es estresante, es importante que aprecie la oportunidad que se le ha brindado. Muéstrese como un líder competente y sus puntos de vista serán respetados más que nunca. Esto significa

que, cada vez más, podrá influir en la dirección y los beneficios de la organización. A su vez, por supuesto, esto significa que es más probable que obtenga un mayor ascenso y un salario más alto.

Pase la página y aprenda a dar el primer paso para ser un gran líder: dejando una huella positiva en los demás.

7 Formas De Ganar Con la Gente

Si desea ser un directivo exitoso, debe aprender a causar una gran impresión positiva no solo en su equipo, sino también en los clientes, sus gerentes y todos los demás interesados en el éxito de su organización.

Todos los puntos enumerados en este capítulo son relevantes desde su primer día en el rol. De hecho, incluso pueden ser relevantes antes de este punto, ¡especialmente si tiene la oportunidad de conocer a su nuevo equipo antes de que comience su contratoformalmente! Con suerte, su nuevo empleador querrá que se sienta lo más cómodo posible en su nuevo rol. Probablemente se le solicite asistir a una reunión 'de reconocimiento deequipo', o incluso a una serie de reuniones, antes de su llegada. Si le ofrecen esta oportunidad, ¡aprovéchela! Es vital que conozca a todos en su equipo lo antes posible y que aproveche la oportunidad para crear una primera impresiónpositiva.

Causar una excelente primera impresión y ganarse a la gente no puede reducirse a un conjunto de comportamientos. Es más acerca de su forma de pensar y cómo encara la situación. ¡Piense en las siguientes pautas como un conjunto de principios a seguir, no como una receta precisa para el éxito!

Principio 1: mantener un conjunto de valores apropiados. Piense en el tipo de líder que quiere ser. Si se toma un momento para revisar su experiencia como miembro de un equipo que trabaja bajo la dirección de un miembro de mayor rango en el equipo, se dará cuenta de que algunos de sus gerentes tendrán mucha más capacidad y serán más inspiradores que otros. Con toda probabilidad, el tipo de líderes a los que usted ha admirado más en el pasado no solo serán competentes y con conocimientos en sus campos, sino también personas con principios e integridad.

Siendo especifico, debe buscar modelar los siguientes valores: honestidad, transparencia, una sólida ética de trabajo, enfoque, compasión, compromiso con la organización a la que sirve y la capacidad de estar abierto a nuevas ideas. Por supuesto, su compañía tendrá su propio conjunto valores especifico e ideas esenciales, y usted también debe considerar preservarlos.

¿Cómo se vería esto en la práctica? Un líder honesto y transparente compartirá toda la información relevante y las noticias con su equipo, ya sean positivas y edificantes, o no. Nunca mostrarán favoritismo hacia alguien, y serán claros y honestos sobre las formas en que delegan el trabajo, asignan proyectos y promueven a las personas. Si bien, usted no tiene que ser un adicto al trabajo para ser un gran líder, debe hacer sentir su presencia en la oficina. En resumen, los líderes respetados se cuidan de no parecer hipócritas. Si, por ejemplo, espera que su equipo mantenga valores de transparencia, no puede permitirse ser menos escrupuloso al realizar las reclamaciones de gastos. Actúe de una manera ética y esto se mostrará a través de su comportamiento. Además, es menos estresante en primer lugar hacer lo correcto que tratar de evitar el mal comportamiento. ¡Un día lo descubrirá!

Principio 2: Entender la importancia de la comunicación no verbal. Aprenda a leer el lenguaje corporal y emplearlo para un resultado positivo. Desde el momento en que los miembros de su equipo lo conozcan, formarán juicios sobre usted. Esto es natural: como seres humanos, nos juzgamos unos a otros todo el tiempo. Sin embargo, en esta situación particular, lo que está en juego es valioso, porque es difícil cambiar las primeras impresiones de las personas y es difícil dirigir un equipo que no confía en usted. Como su líder, quiere que le juzguen favorablemente. Afortunadamente, puede usar su lenguaje corporal para comunicarles que usted es digno de su confianza y respeto.

Incluso si se siente nervioso, haga un esfuerzo para pararse derecho. Imagine que hay una cuerda invisible que corre verticalmente desde la parte superior de su cabeza hasta el techo y que está levantando su cabeza hacia arriba para que parezca relajado y seguro. Baje los hombros y minimice los movimientos innecesarios de sus manos, ya que esto le hará parecer nervioso. Haga de su objetivo que la primera vez que cada miembro de su equipo le vean, esté sonriendo. No sonría como un idiota, haga un esfuerzo por relajar los músculos alrededor de su boca y mandíbula mientras saluda a todos, agitando sus manos,firme, pero con brevedad. Evite adoptar lenguaje corporal sumiso o defensivo, como cruzar o doblar las extremidades, o mirar hacia el piso. Ha sido designado para liderar, ¡así que, actúe como tal!

Principio 3: Adopte un interés sincero en los miembros de su equipo como personas individuales, no solo como empleados. La cuestión de si los empleados deben ser amigos de sus gerentes nunca va a morir: algunas personas creen que en los mejores equipos existen relaciones amistosas entre sí, mientras que, al otro extremo del espectro, otros creen que los gerentes deben mantener amplia distancia emocional de aquellos a los que supervisan. Sin embargo, no es controvertido decir que la mayoría de las personas aprecian que se las vea como personas que tienen vidas plenas fuera del lugar de trabajo. ¡No supervisará a muchas personas que disfruten ser vistos como zánganos de la organización!

Por lo tanto, es una buena idea hacer hincapié en cualquier información que los miembros de su equipo compartan sobre ellos mismos desde un principio. También asegúrese de prestar atención a cualquier señal visual obvia: ¿Alguien tiene una foto de sus niños pequeños en su escritorio? Probablemente no lemolestaría que, de vez en cuando, le preguntara por su familia. ¿Hay alguien que traiga a la oficina libros regularmente o productos horneados para que todos los demás puedan disfrutar en la sala de descanso? Este tipo de personas generalmente responde con positivismo a algunas preguntas sobre sus aficiones e intereses. Incluso si a usted no le importaran las recetas de tarta de cabellos de ángel, es parte de su trabajo como líder demostrar que reconoce que todos tienen una vida fuera del trabajo.

Principio 4: Demuestre que también es humano. Los líderes remotos y distantes que actúan de tal manera que sugieren que de algún modo están "por encima" detodos los demás que no sean populares. ¿Puede funcionar el liderazgo de una manera 'transaccional' - en la que le preocupan los resultados en lugar de los valores y el trabajo en equipo-? Por supuesto. Sin embargo, aquellos que seproponen un enfoque de liderazgo 'transformacional' tienen más probabilidades de desarrollar una atmósfera de cooperación, agrado y progreso en el trabajo. Suena mucho más relajante, ¿no?

Por supuesto, usted necesita mantener un nivel adecuado de profesionalismo en el trabajo. Sin embargo, nunca se permita tener una mañana levemente gruñón o reírse de una broma contada por un colega que lehará hacerse quererde nadie. Una vez más, puede ser útil pensar en los líderes a los que usted más admira. Lo más probable es que admire a quienes se centran en su trabajo, pero que al mismo tiempo no tienen miedo de soltarse de vez en cuando.

Principio 5: Mostrar sincero aprecio y elogio. Ya sea que lo demuestren o no, a todos les gusta ser apreciados por el trabajo que hacen. Esto es cierto incluso si la persona en cuestión no disfruta de su trabajo, o si prefiere trabajar en un campo totalmente diferente. No importa, todos tenemos una necesidad básica de ser necesarios y deseados.

Aproveche esta simple porción de psicología y elogie cada vez que es merecido. Por supuesto, nunca debe elogiar a las personas por el simple hecho de hacerlo, ya que esto solo le hará ganar la reputación de insincero o desesperado por ganar el afecto de su equipo. En su lugar, intente simplemente expresar verbalmente cada pensamiento positivo que tenga sobre el desempeño o los esfuerzos de su equipo. Es sorprendentemente fácil dejar que las personas no sean reconocidas. Un simple '¡Gran trabajo!' O 'Bien hecho' entregado con una breve sonrisa puede salvarla tarde de alguien.

Conceder elogios también le trasmite a los demás que usted es esencialmente una persona positiva a la que le gusta ver lo mejor en cada situación, y esta es una muy atractiva cualidad en un líder. A los empleados les gusta ser dirigidos por alguien en quien se puede confiar, que ve lo mejor en cada situación. Si su equipo todavía no tiene una estructura de incentivos, ¿por qué no implementar una? Esto puede ser tan simple como un certificado de 'Empleado del mes' o un programa más elaborado que consista en incentivos financieros o materiales por un magnifico desempeño.

Principio 6: Demuestre que puede ser flexible. Puede ser tentador, especialmente si usted es nuevo en una organización, sumergirse directamente e intentar implementar sus ideas. Eso es un error. Recuerde que incluso cuando haya sido contratado para hacer una diferencia drástica en un equipo existente, va a trabajar con personas que,por un tiempo,han hecho las cosas de cierta manera, ¡quizás incluso años! Por lo tanto, es importante introducir cambios de manera sensible. Esto establece un precedente, estableciéndose como un líder que tiene altos estándares, pero evita esperar milagros.

En la práctica, esto significa defender los valores mencionados anteriormente: honestidad y transparencia. Todos estarán esperando que usted haga cambios, pero es importante que explique su razonamiento y procesos a través de los canales apropiados. En momentos de fuertes cambios, realice reuniones semanales con el personal en las que describa qué está haciendo y para qué lo está haciendo. Esto es mas conveniente a simplemente escribir y enviar correos electrónicos, porque en persona, usted tiene el beneficio de observar el lenguaje corporal de todos. Esto es valioso, porque, aunque es fácil decir por escrito: "Sí" o "¡Gran idea, jefe!", es más difícil fingir un entusiasmo genuino en persona. Por lo tanto, realizar reuniones le ayudará a evaluar mejor las reacciones de todos frente a sus sugerencias.

Otro aspecto de mantenerse flexible es estar abierto y receptivo a los comentarios de aquellos a quienes dirige. Este es un tema importante en sí mismo, por lo que volveremos a este en varios puntos a lo largo del libro. Por ahora, basta con decir que las personas valoran a los líderes que pueden admitir cuando están equivocados y buscan orientación y apoyo en los demás.

Principio 7: Mantenga a su equipo desafiado, pero no sobrecargado. Junto con el sentimiento necesario, los seres humanos ansían estimulación. Esto variará de persona a persona (algunos parecieran tener un umbral de aburrimiento más alto que otros), pero como regla general, si desea un equipo feliz, debe asignarles suficiente trabajo para que se involucren, pero no tanto para que los lleve al agotamiento.

Este puede ser el principio más difícil de implementar, porque requiere que se familiarice con las limitaciones y talentos especiales de cada miembro del equipo. Solicitando archivos o notas sobre cada empleado,a su nuevo empleador, usted puede obtener una ventaja. Si se le da la oportunidad de realizar una reunión de 'reconocimiento de equipo' antes de que comience su contrato, utilícela como su primera oportunidad para comprender dónde se encuentran las fortalezas y debilidades de su equipo. ¿Quién es el comunicador más fuerte en el equipo? ¿Quién parece ser el más organizado? ¿Quién trabaja mejor bajo presión?

Durante las primeras semanas, pronto apreciará cómo, para ese momento, su equipo estará gestionando su carga de trabajo. Puede ser beneficioso pedirle a cada persona que anote, durante unos días, cómo emplean su tiempo. Si se sienten sobrecargados, usted puede usar esa información para priorizar las tareas que les asigne y trabajar con ellos para establecer un calendario más realista.

Por otro lado, es posible que tenga en su equipo a personas cuyos talentos no se aprovechan como corresponde. Estas personas pueden desempeñarse de forma satisfactoria, pero se manifiestan con baja estimulación. Aquí es donde debe ejercer su responsabilidad como directora fin de equilibrar la carga de trabajo de sus subalternos. En tal caso, debe considerar desafiarlos pidiéndoles que asuman la responsabilidad de un nuevo proyecto o que ayuden a un compañero de trabajo sobrecargado.

Mejorar la inteligencia emocional puede hacer una gran diferencia en su seguridad y carisma. Haga clic aquí para ver mi libro sobre Inteligencia Emocional.

Los Obstáculos Más Comunes De La Comunicación Del Liderazgo

Tener solidas habilidades de comunicación es vital para el liderazgo exitoso. Desafortunadamente, hay ciertos obstáculos que pueden causar problemas tanto para los directores experimentados como para los nuevos. Este capítulo lo llevará a través de los obstáculos más comunes de los que los líderes deben ser conscientes al comunicar sus mensajes e instrucciones a las personas que dirigen.

Uso excesivo de la jerga empresarial.

Siempre trate de ser claro y directo al hablar con los demás. No se sienta tentado a usar palabras o frases corporativas si son innecesarias. Si tiene que usar un término específico que puede ser desconocido para la persona promedio, asegúrese de definirlo claramente desde un comienzo y luego regrese al'español'tan pronto como sea posible.

El uso de la jerga empresarial no impresiona a las personas, al menos no a la clase de personas a las que,a usted, debería importarle impresionar. En cambio, le hace parecer innecesariamente distante e incluso puede crear la impresión de que se está 'escondiendo' detrás de palabras largas en lugar de abordar los problemas de manera directa. Esto no inspira seguridad en usted como líder.

Falta de seguridad y certeza.

Usted debe comunicarse con confianza si quiere que su equipo le tome en serio. Si no está seguro de sus propios objetivos, los demás se darán cuenta de esto y perderán la confianza en usted. Antes de asistir a una reunión o de redactar un correo electrónico, pregúntese qué está tratando de transmitir en su mensaje. No tenga miedo de indicar puntualmente cuál es el propósito de su comunicación; por ejemplo, -'Esta mañana, he convocado esta reunión sobre nuestro nuevo proveedor, porque me preocupa que el tiempo requerido para gestionar sus exigencias pueda costarnos recursos valiosos que sestan asignados a otros proyectos.'- Si esto suena obvio, hágalo de todos modos. Siempre es mejor arriesgarse a simplificar demasiado, que dejar que la gente se pregunte qué diablos está diciendo, o aún peor, se pregunte por qué se molesta en hablar de ello.

Insensibilidad a las diferencias culturales.

Vivimos en un mundo cada vez más globalizado, y la diversidad en el lugar de trabajo se fomenta y se alienta con razón. Esto puede, sin embargo, presentar ciertas dificultades para los líderes. Para dar un ejemplo simple, considere las diferencias culturales tradicionales entre los países occidentales y asiáticos. En el primer grupo de sociedades, se ha favorecido tradicionalmente un estilo de liderazgo directo y centrado en el individuo. Sin embargo, en otras culturas, se considera grosero cuestionar a sus 'superiores' o mayores, lo que puede significar que los miembros del equipo de otras culturas puedan dudar en ofrecerle algo que se parezca a una crítica o comentario negativo. La tensión también puede surgir si usted y un compañero de trabajo son de clases sociales muy diferentes, o si hay una amplia diferencia de edad.

No hay necesidad de ser pesimista acerca

de las diferencias, ya que en realidad muchas personas se comunican bien a pesar de que provienen de entornos diferentes. Sin embargo, es importante tener en cuenta que la falta de comunicación puede darse y de hecho se da debido a estos problemas. La solución es mantener sus expectativas claras con respecto a "cómo hacemos las cosas por aquí" y mantener estas expectativas para todos. No llame la atención sobre las diferencias culturales, pero intente mantener su idioma lo más accesible posible para la mayor cantidad de grupos de personas. Por ejemplo, evite los chistes o referencias culturales particulares que algunos miembros del equipo no puedan captar. Si se encuentra trabajando regularmente con personas cuya cultura es ajena a usted, considere la posibilidad de buscar consejos del área de recursos humanos sobre cómo puede evitar incómodos errores de comunicación.

Escoger el medio desacertado para su mensaje.

Las actualizaciones de rutina se pueden

enviar por correo electrónico, pero la información importante se debe entregar en persona o por teléfono y luego se debe confirmar con un correo electrónico de seguimiento. Después de una conversación presencial importante, envíe a la otra parte un mensaje que contenga los puntos clave planteados. Finalice el correo electrónico indicando que, si la otra persona no tiene objeciones, asume que el correo electrónico representa un registro válido de la conversación. Asegúrese de obtener, para el mensaje, una notificación de "Leído" y guarde una copia impresa si el asunto es especialmente delicado. Esto puede evitar posterioresdisputas.

Sacar conclusiones apresuradas basadas en incidentes individuales o componentes aislados del lenguaje corporal.

¿Alguna vez ha notado a alguien bostezar mientras usted hablaba, y por consiguientese sintió molesto? Es fácil notar un solo elemento del lenguaje corporal de alguien y sacar conclusiones negativas. Debe resistir a la tentación de hacer esto, ya que puede hacer que se sienta innecesariamente ansioso o enojado con su equipo. Recuerde que sí, alguien podría estar bostezando en una reunión porque está aburrido, pero también puede estar cansado o cayendo en un resfriado. En su lugar, preste atención al patrón más amplio de comportamientos que ellos tienen. Si un compañero de trabajo es generalmente respetuoso y trabajador, no pierda el tiempo molestándose porque una tarde se vea cansado o ligeramente apartado.

El fenómeno de los "rumores chinos".

Si tiene alguna novedad vital que comunicar, asegúrese de proporcionar la información directamente a todos los interesados. ¡No confíe en que se puede confiar en otros para transmitirlo con absoluta precisión! Si bien es importante confiar en quienes se encuentran directamente debajo de usted en la cadena de mando, tómese el tiempo para comunicar personalmente noticias e información importantes. Esto debe hacerse en persona y luego respaldado por un correo electrónico de seguimiento. De lo contrario, corre el riesgo de que otras personas malinterpreten lo que dice, y puede generar confusión. En los primeros días de su labor de gestión, ya que todavía está evaluando la confiabilidad y las personalidades de los miembros de su equipo, recuerde que cuanto más directo pueda ser, mejor.

Suponiendo que "no hay preguntas" significa "todos han comprendido".

¿Alguna vez ha estado en una reunión, escuchó atentamente lo que el líder estaba diciendo, y aun así se sintió desorientado cuando se fue? Quizás estaba demasiado apenado para admitir que necesitaba más aclaraciones y no levantó la mano o la voz para hacer preguntas.

Es importante que usted, como líder, recuerde que el hecho de que las personas no le hagan ninguna pregunta en una reunión, no significa que todos lo hayan comprendido perfectamente. Algunas personas podrían estar convencidas de que son las únicas en la sala que no entienden y son renuentes a pedirle que explique un concepto por segunda o tercera vez. El miedo a parecer estúpido o incompetente es fuerte en la mayoría de las personas.

Idealmente, habrá creado un entorno positivo y de apoyo en el que las personas se sientan capaces de admitir que no lo saben todo, pero esto tomará tiempo para construir esa confianza. Mientras tanto, asegúrese de que todos tengan una amplia oportunidad   proporcionarle retroalimentación o hacer preguntas. Esto implica permitir suficiente tiempo al final de las reuniones para preguntas, pero también significa responder a los correos electrónicos desde el principio de su etapa como líder (para que las personas sientan que pueden enviarle correos electrónicos con sus preguntas), ser visto con regularidad en la oficina (para que las personas puedan acercarse a usted en persona) y siempre tratar a las personas con respeto (para que nunca tengan que temer que sean ridiculizados por hacer preguntas).

Fallando en hacer sentir su presencia.

A nadie le gusta estar cerca de un líder

poco serio, demasiado gruñón o exigente. Aquí es donde aparece el estereotipo de empleados que celebran cada vez que escuchan que su jefe estará fuera de la oficina. Sin embargo, si intenta implementar los consejos de liderazgo contenidos en este libro, ¡esto no se aplicará a usted! En cambio, su equipo apreciará realmente la oportunidad de verlo regularmente.

Incluso si tiene una oficina privada, estacione en un área diferente del estacionamiento de todos los demás, y tenga un asistente personal que atienda su agenda, haga el esfuerzo de ser accesible. Llame a la oficina de todos con la frecuencia que, razonablemente, su horario lo permita. Dé a su equipo la oportunidad de contarle personalmente cómo va su trabajo. El hecho de que ahora vivimos en una era de comunicación digital no significa que las personas hayan perdido su profundo aprecio por el contacto en persona. Además, demostrar que está dispuesto a hacer el esfuerzo de ver a todos demuestra que valora el tiempo y la contribución de cada uno. También le permitirá detectar problemas a medida que surjan, lo que en última instancia puede ahorrarle mucho tiempo y agonía más adelante.

Cómo Decir Lo Que Quiere Decir Y Que Aun Así Las Personas Le Admiren

No hay forma de evitarlo: a veces, como líder, tendrá que decir cosas que no serán bien recibidas. Es posible que tenga que anunciar recortes presupuestarios, congelación salarial o informar que un proyecto en particular requerirá que todos trabajen algunas horas durante el fin de semana. En otras ocasiones, tendrá que expresar su desacuerdo con las opiniones de otras personas. De vez en cuando, incluso puede encontrarse en conflicto directo con los demás. Recuerde que esto es normal: de hecho, una organización en la que todos se llevan perfectamente bien todo el tiempo debe verse con recelo, ya que esto indica una cultura de miedo en la que nadie se atreve a expresar sus opiniones o una cultura de conformismo en la cual las personas son contratadas sobre la base de que encajarán y causarán una mínima perturbación. Ninguno de estos escenarios le da espacio a una organización para crecer e innovar. ¡Hasta cierto punto, usted debería dar la bienvenida a undesacuerdoocasional o una discusión acalorada!

Aquí hay algunas buenas noticias más: hay técnicas que puede utilizar para transmitir mensajes difíciles de una manera sensata pero humana,lo que significa que las personas lo admirarán incluso cuando esté diciendo cosas que no quieren escuchar. Si aún tiene dudas cuando se trata de decir lo que realmente quiere decir, recuerde que a las personas les resulta difícil respetar a quienes huyen de los problemas difíciles. Incluso si es difícil defender sus propias creencias y opiniones, vivir con integridad le otorgará el mayor respeto a largo plazo, tanto de los demás como de sí mismo.

Siente bases defendiendo los valores

correctos.

Ya hemos abordado lo importante que es mantener su integridad y transparencia como líder. Haga esto y ya habrá preparado a otras personas para los momentos en que necesite transmitir malas noticias o estar en desacuerdo con ellas. ¿Por qué? Porque si ya ha ganado la reputación de ser abierto y honesto, la gente no se sorprenderá cuando diga exactamente lo que piensa y quiere decir.

Explique todo su proceso de pensamiento al exponer su punto de vista.

No permita que nadie se sienta confundido. Si necesita informarle a su equipo sobre una decisión reciente que ha tenido que tomar, una opinión que tiene en contra de la mayoría o un cambio significativo en políticas o procedimientos, asegúrese de tomarlocon calma y comenzar desde el principio. Simplemente resumir lo que considere que no es suficiente - para convencer a las personas de que usted es digno de ser escuchado o que sus habilidades para tomar decisiones son sólidas, es vital que proporcione información sobre sus procesos de pensamiento.

Por ejemplo, explique cómo y por qué llegó a finalizar un contrato importante con un determinado proveedor en lugar de simplemente llamar a todos a una sala y anunciar que la organización ya no trabajará con ellos. Cuando se toma el tiempo y el esfuerzo para explicar los motivos detrás de sus acciones, las personas lo respetarán y confiarán en usted. Percibirán que los considera personas inteligentes que necesitan y aprecian la comprensión de las decisiones de la empresa. Tomar este enfoque también previene la toxica pérdida de tiempo de los chismes de oficina y reduce los sentimientos de pánico en los miembros más inseguros del equipo.

Maneje la técnica del sándwich.

Si se encuentra en una posición en la que siente que debe estar en desacuerdo con la sugerencia de un compañero de trabajo o lanzar una objeción, pruebe la técnica del sándwich. Básicamente, comience brindando un breve comentario positivo, seguido de su punto principal, y cierre con otro comentario positivo. Por ejemplo, puede decir algo como esto: 'Creo que ha demostrado mucha reflexión en la forma cómo ha planeado nuestra estrategia para el próximo trimestre. Pero me gustaría sugerir que debemos lograr queen esta parte nuestra principal prioridad, sea la reorganización de nuestro departamento de logística, y no veo que esté bien representado en estos planes. Sin embargo, estoy realmente impresionado por los detalles en este punto'. Esta estrategia hace que sea menos probable que usted irrite a otras personas y muestra respeto por lasopiniones y esfuerzos que ellos hacen.

Brinde a la gente el respeto de entregar personalmentelas malas noticias.

Este consejo, por cierto, no debería requerir mucha explicación. Si necesita reducir las horas de trabajo de alguien, imponerle a una acción disciplinaria o retirarlo de la empresa, hágalo en persona y en una habitación privada,siempre que sea posible. Incluso si está despidiendo a alguien de la compañía, si usted fue insensible al hacerlo, es posible que este le diga a los que se quedan, y esto puede dañar su reputación. Póngase en la posición de ellos y trátelos como le gustaría que lo traten.

Permanezcaoptimista incluso ante las malas noticias. Replantéalo como una oportunidad para hacer algo diferente, nuevo o mejor.

Es posible que haya momentos en su carrera directiva en los que tenga que informarle a su equipo noticias terribles, por ejemplo, en proceso de cierre de la empresa o el fallecimiento de un compañero de trabajo. En tales casos, intentar dar un giro positivo a las noticias sería basto e insensible.

Sin embargo, la mayor parte del tiempo, por lo general, se puede encontrar algún tipo de ventaja si se observa con suficiente detenimiento. Esta es una habilidad valiosa para aprender, porque a las personas les gustan y respetan a los líderes que reconocen las malas noticias, pero también alientan a su equipo a considerarla como una experiencia de aprendizaje. Antes de llamar a una reunión o enviar un mensaje con noticias negativas, intente encontrar al menos un resultado positivo. Por ejemplo, aunque su equipo puede haber perdido un contrato, esto puede darles más tiempo disponible para hacer que otro proyecto sea especialmente bueno.

Resista la tentación de compartir demasiado.

No hay nada de malo con un líder que se siente apasionado por su trabajo y reacciona ante grandes eventos con sentimientos fuertes. Sin embargo, es importante que no comparta absolutamente todo lo que piensa y siente. Como regla general, dígales a las personas lo que necesitan saber y lo que les gustaría saber si estuvieran en su posición, pero no más que eso. Bajo ninguna circunstancia debe divulgar ninguna información confidencial que aquellos que mencionó anteriormente preferirían no convertirse en conocimiento común. No importa cuánto confíe y le guste a su equipo, puede apostar a que, de alguna manera, será identificado como la fuente de la fuga de información.

Practique las cosas difíciles en voz alta, solo, para perfeccionar su tono y lenguaje corporal.

Hablar en público es un trabajo duro para la mayoría de las personas, y si necesita dirigirse a una multitud, puede ser absolutamente estresante, especialmente si necesita transmitir malas noticias. Si no ha hablado mucho en público antes de su primer rol de liderazgo, ahora puede ser un buen punto para buscar capacitación o clases que lo ayuden a desarrollar esta habilidad. Haga esto temprano, antes de encontrarse con su primera crisis, y es inevitable que lo haga, ya que la vida es impredecible, y se sentirá mejor equipado para manejar los tiempos difíciles que se avecinan.

Si tiene que hacer una presentación o dar una charla en la que se le pedirá que dé malas noticias, primero practique. Cierre la puerta, párese frente a un espejo de cuerpo entero y observe su lenguaje corporal. Verifique que su postura sea recta, que sus manos no estén torcidas o tirando de su ropa, y que esté mirando hacia adelante. Practique dirigiéndose a la parte posterior de la habitación y proyectando su voz hablando desde su diafragma en lugar de desde la parte posterior de su garganta. Asistir a un grupo como Toastmaster International[1] puede ayudarlo a perfeccionar su técnica, al igual que cualquier capacitación oratoria o en medios de difusión que ofrezca su empleador. Nunca se sabe hasta que pregunta, por lo que, si con frecuencia se pone nervioso al hablar con grupos, ¿por qué no le pregunta a su gerente si hay posibilidades disponibles para ayudarlo a mejorar en esta área? Decir que necesita ayuda no es un signo de debilidad. Por el contrario, muestra que está dispuesto a hacer un inventario consciente de sus fortalezas y debilidades, lo que lo convierte en un codiciadoempleado y líder.

---

[1] Organización sin ánimo de lucro que fomenta el desarrollo de las habilidades de comunicación y el liderazgo. https://www.toastmasters.org/

¿Qué Pasa Si La Gente No Está De Acuerdo Con Usted?

En algún momento - con toda probabilidad, llegará más temprano que tarde - se encontrará con personas que no estén de acuerdo con usted. Esto es algo a lo que necesita acostumbrarse, sobre todo si trabaja con un equipo de personas grande o diverso. Saber cómo manejar la retroalimentación negativa y las diferencias de opinión es una habilidad esencial para cualquier líder.

Dese cuenta de que pueden tener razón, así que escúchelos.

 Cuando alguien no está de acuerdo con usted, ¿asume por omisión que usted tiene razón y que los demás están equivocados? Si es así, necesita ajustar su actitud de inmediato. No puede esperar tener la razón en cada ocasión, nadie es perfecto o súper-humano. En otras palabras, cuando alguienobjeta en oposición a usted, debe asumir que puede tener razón. Es posible que esta persona no necesariamente esté en lo correcto en su valoración, pero prepárese para reconocer que debe escuchar lo que tienen que decir. Esto es especialmente cierto si usted es nuevo en el rol o en una organización. No descarte las opiniones de otros simplemente porque son menos experimentados, de menor cargoo más jóvenes que usted.

Si se encuentra de acuerdo con lo que están diciendo, no tenga miedo de reconocer esto abiertamente.

Incluso si la opinión no tiene sentido, antes de reaccionar de forma exagerada piense en la reputación de usted.

Todo muy bien, puede pensar, pero ¿qué pasa si la otra persona en cuestión realmente está mal, o se sabe que dice muchos disparates? Debería escucharlo de todos modos, y tomarlo en serio. ¿Por qué? Sencillamente, usted no quiere la reputación de alguien que deja de lado las opiniones de a quienes lidera. Desea una reputación como líder que esté dispuesto a mantenerse firme en sus creencias pero que también acepte puntos de vista que difieran de los suyos.

Por lo tanto, es importante que conceda, a la persona que no esté de acuerdo con usted,el tiempo suficiente para expresar su queja. Maneje esto de la manera más discreta y profesional posible. Por ejemplo, siempre es mejor llevar las discusiones sensibles a puerta cerrada en lugar de llevar a cabo una pelea a gritos en medio de una oficina de planta abierta. Convocar a una reunión con un inicio y finalización formales también les permitirá a ambos preparar con anticipación lo que van a decir, lo que garantiza que todos tengan la oportunidad de sentirse escuchados.

Ver los desacuerdos como una señal de acierto.

No se sorprenda ni se moleste cuando las personas rechacen sus ideas: Cuando las personas pueden discrepar respetuosamente con su gerente de línea es indicio de lugar positivo de trabajo. No significa que haya fallado. Solo significa que tiene la responsabilidad final de tener en cuenta toda la información disponible y llegar a una decisión sensata y bien informada. Los empleados que pueden desafiar a sus gerentes en algunas situaciones pueden incluso 'salvar vidas'. Deberían sentirse capaces de señalar catástrofes inminentes y sugerir formas mejores y más seguras de realizar las actividades de la organización. Así que manténgase abierto a lo que dicen los demás y no permita que su orgullo se interponga en el camino.

Su propio gerente, si entiende lo que realmente significa ser un gran líder, debe sentirse impresionado de que usted cuente con que los miembros de su equipo estén en desacuerdo con usted de vez en cuando. Se sentirá seguro de que usted no es peligrosamente arrogante.

Lleve un registro de la conversación y pida declaraciones de testigos, si es pertinente.

En la mayoría de los casos, los desacuerdos son de bajo nivel y se pueden resolver con unos minutos de conversación constructiva. Sin embargo, de vez en cuando puede verse envuelto en una discusión acalorada con un compañero de trabajo. Si este es el caso, necesita enfocarse en tres cosas:

1. Mantener la calma;

2. Recordarsus objetivos;

3. Obtenerun registro de lo acontecido y de las palabras intercambiadas.

Mantener la calma viene con la práctica. Se trata de mantener sus ojos en el panorama general. Recuerde que, probablemente, incluso disputas plenas no importarán dentro de unas pocas semanas, y,de ser así, el próximo año serán un recuerdo lejano. No se deje enredar emocionalmente en el momento. Si necesita excusarse de la habitación por unos momentos para ir al baño, hágalo. Ganará el respeto de los demás al demostrar que comprende la necesidad de abordar el conflicto desde una perspectiva tranquila.

A continuación, recuerde sus objetivos: tiene un problema particular que necesita solución y necesita llegar a algún tipo de resolución con el mínimo de sentimientos heridos y lesiones en las relaciones laborales. Recuerde que cualquier discusión relacionada con el trabajo es mucho más grande que las partes interesadas; Su principal motivo debe ser promover los objetivos y el éxito de su organización. Trate de hacer a un lado lo molesto o enojado que se siente con el compañero de trabajo en cuestión y, en su lugar, asegúrese de intentar obtener el mejor resultado posible para el bien de la empresa. Recuerde que, si bien es maravilloso ser querido por su equipo, un buen liderazgo no es un concurso de popularidad y no va a lograramistad con todos.

Finalmente, siempre lleve registro de conflictos significativos. Después de un intercambio acalorado o controvertido, escriba su versión de los eventos y envíela por correo electrónico a todas las partes involucradas. Indique que sintió que valía la pena grabar el debate por el bien de todos, y, a menos que le escriban de nuevo y piensen lo contrario, asumirá que su cuenta será una referencia precisa en caso de que surjan más problemas. Hacer esto afirma su reputación como alguien que toma en serio los desacuerdos, y también le permite cubrir su espalda hasta cierto punto si un miembro de su equipo intenta más tarde acercarse a un gerente de nivel superior o presentar una queja formal contra usted. Aunque la mayoría de las personas no querrán prolongar el conflicto más de lo necesario, hay algunas dentro de cada gran organización que con mucho gusto crearán problemas siempre que les sea posible. Es vital que entienda lo importante que es salvaguardarse de ellos.

Considerar las partes interesadas y las implicaciones políticas más amplias.

A veces argumentar no es políticamente sensato, incluso si usted sabe que tiene razón. ¿Por qué? Bueno, a veces debe considerar las implicaciones a largo plazo de ponerse del lado de una persona en particular, especialmente si el asunto es un tanto trivial, y luego usar este conocimiento para determinar cómo debe abordar la situación. Por ejemplo, puede estar en desacuerdo con uno de sus compañeros de trabajo, pero ¿es probable que su jefe o cliente se alíe con esta otra parte? Si este es el caso, puede valer la pena seguir le punto de vista de ellos, en lugar de arriesgarse a causar tensiones o fisuras innecesarias.

Tenga en cuenta que hacer concesiones puede apalancarlo más adelante para obtener lo que desea.

La mayoría de la gente piensa en términos de reciprocidad: si les concede un favor, a menudo se sienten en deuda con usted. En otras palabras, las personas generalmente operan sobre una base de 'quid pro quo'[2]. Esto significa que, si decide hacer concesiones con un compañero de trabajo, incluso cuando no tiene que hacerlo, probablemente este sentirá como si le debieraa ustedun favormás adelante. Los líderes sabios usan estefragmento de psicología para su ventaja. Si enfatiza en "ceder" en temas relativamente menores para mantener la paz, puede aprovechar más adelante la reserva de 'buena voluntad' que acumulará cuando necesite algo de la persona en cuestión. Esto puede sonar manipulativo, pero es un principio

---

[2] Expresión en latín que se refiere a "algo por algo" o "doy para que des"

básico de las relaciones humanas que la mayoría de las personas pueden, y hasta cierto puntolo hacen. Asegúrese de no estar haciendo concesiones significativamente mayores a lo que está dispuesto a asumir.

No imponga solo su voluntad, a menos que sea una emergencia - la gente no perdona ni olvida fácilmente a un tirano.

Si la disputa está en curso o parezca probable que provoque una ruptura importante, programe una reunión apropiada para profundizar en el verdadero origen del desacuerdo. Hágalo tan pronto como sea posible. A menos que exista una verdadera crisis en el trabajo o su equipo tenga la necesidad urgente de alguien que intervenga y restablezca el orden, resista la tentación de imponer su voluntad a las personas o pedirles que le obedezcan estrictamente porque usted es el líder y ellos son tus subordinados.

Un enfoque tan brutal funciona bien en tiempos de emergencia y puede ganarse un gran respeto, pero no es el mejor método para el compromiso a largo plazo, ni paralas relaciones de trabajo felices. Haga que su estilo de liderazgo estándar sea colaborativo y flexible en lugar de tiránico, aunque no sea por otro motivo que el que nos pone seriamente cansados de ser ruidosos y contundentes todo el tiempo.

Qué Hacer Con Los Compañeros Realmente Molestos

Como líder, aprenderá rápidamente que no todas las personas con las que trabaja le querrán, le respetarán o compartirán sus puntos de vista. Ya hemos examinado cómo manejar el conflicto, pero ¿qué pasa con las personas que simplemente son molestas? Aquí hay algunos consejos sobre cómo manejar ciertos tipos de personalidad que puede encontrar en el lugar de trabajo.

Considere si la actitud de estos es sobre la situación o de una persona en particular.

Si a menudo entra en conflicto con una persona en particular, su primera prioridad debe ser determinar si es usted con quien tiene un problema o si este se comporta de manera similar a todos los que conocen. Observe cómo interactúa con los demás. Puede descubrir que esta persona tiene un problema de actitud, y este descubrimiento puede ayudarlo a tomar su conducta menos personalmente.

Sin embargo, si es solo con usted con quien tiene problemas, ¡regocíjese! ¿Por qué? Porque si puede cambiar su relación con él, habrá resuelto el problema. Siga los pasos de este libro y dejará suficiente huella positiva en otras personas de que es probable que gane al menos un básico nivel de respeto por parte de esta persona a lo largo del tiempo. Si no, considérelo como una lección en la dura realidad de la gestión – que no todos le concederán el respeto que se merece.

Si tiene la impresión de que un molestocompañero de trabajo o un miembro del equipo no está contento, haga todo lo posible por comprender los motivos

Si un miembro de su equipo es irritantemente desanimado o presumido, programe una discusión franca sobre su actitud. Explique que no solo está afectando a usted, sino a su propia felicidad, a los otros miembros de su equipo y, en última instancia, al rendimiento de la organización como un todo. En lugar de tratar su problema como un inconveniente dentro de sí mismo que necesita ser resuelto, trate su infelicidad como un asunto que ambos pueden trabajar conjuntamente para resolver. Explique que sabe que no es realista esperar que todos disfruten de su trabajo y muestren una actitud sobresaliente todo el tiempo, pero ambos tienen un interés común en disfrutar de sus trabajos y agregar valor a la compañía. No olvide documentar todo.

A veces un simple cambio puede estimular el crecimiento personal.

A veces la gente se aburre y descarga en los demás porque están estancados. ¿Podría ser esto cierto para ese molesto miembro del equipo? Quizás necesite un cambio en su rutina, alguna nueva responsabilidad o un nuevo desafío.

Probar la técnica del disco rayado.

Si tiene la mala suerte de trabajar con alguien que plantea los mismos problemas una y otra vez o que le hace preguntas inapropiadas, use la técnica del disco rayado. Esto implica optar por una "respuesta predeterminada" y repetirla cada vez que le hacen la misma pregunta. Por ejemplo, si tiene un miembro del equipo que continuamente le pregunta acerca de la política de vacaciones, incluso si no es su responsabilidad, intente decir algo como: "Me temo que el área de RRHH es la más apropiada para eso, no yo". Recibirá el mensaje y molestará a alguien más.

Si tiene un verdadero bromista en la oficina, intente canalizar sus esfuerzos en otra parte.

Algunas personas son bien intencionadas, pero, sin embargo, logran irritar a todos a su alrededor. Esto es particularmente común en los "bromistas de oficina", quienes parecieran hacer que jugar bromas, o actuar de una manera tonta con la mayor frecuencia posible, es su misión en la vida. Hasta cierto punto, deben ser tolerados, ¡pueden agregarle personalidad al lugar de trabajo! Sin embargo, si sus payasadas tienen un efecto perjudicial en la productividad del equipo, deben ser puestos bajo control. Intente un enfoque dual. Tenga una conversación individual con ellos y subraye el hecho de que usted aprecia el humor que aportan al lugar de trabajo, pero que necesitan atenuar su modo de actuar.

Al mismo tiempo, deles una alternativa para canalizar sus energías. Tal vez podría hacerlos responsables de las actividades de socialización en el trabajo, por ejemplo. Alternativamente, deles algunos desafíos adicionales relacionados con el trabajo que mantendrán sus cerebros ocupados. Este tipo de personas a menudo son creativas y puedes hacer un buen uso de esta energía.

Si alguien piensa todo el tiempo que sabe más, bríndele la oportunidad de demostrarlo y quedar en evidencia.

Si tiene que manejar una persona que le guste quejarse de forma crónica o alguien que sutilmente sugiere que podría hacer todo mejor que usted si solo se le diera la oportunidad, déjelo en evidencia. Asegúrese de preguntarle qué piensa acerca de los problemas difíciles y pídale que explique en detalle cómo manejaría una situación. Sus respuestas pueden ser difíciles de escuchar, pero una vez que se vea obligado a razonar una situación en voz alta, se dará cuenta de que usted es el gerente por una razón.

Si persistentementealguien no está de acuerdo con su pensamiento sobre ciertos temas, pero no ofrece sugerencias constructivas, comience a pedirle informes breves escritos que contengan sus comentarios sobre situaciones específicas. Pronto es persona aprenderá a no afirmar fortuitamente que podría hacer el trabajo mejor que usted o que tiene todas las respuestas.

Cuándo Debatir y Cuándo Dejar Pasar

Ya hemos echado un vistazo a cómo manejar los desacuerdos y cómo lidiar con compañeros de trabajo molestos, pero a veces es necesario preguntarse en primer lugar si realmente vale la pena molestarse por el problema. Si frecuentemente se encuentra involucrado en conflictos y desacuerdos, o si tiene que resolverlos entre dos o más de los miembros de su equipo, puede ser el momento de considerar si está asignando demasiado tiempo al tipo de problemas incorrecto. Considere los siguientes puntos cuando sienta que una polémica se está gestando en el trabajo.

¡A veces es mejor dejar que alguien cometa un pequeño error, siempre y cuando tenga la capacidad de arreglar el lío!

¿Un miembro de su equipo insiste en que se les permita hacer algo de cierta manera, aunque sea claro para otras personas que se están preparando para una caída? Una forma de manejar tal situación es darle la oportunidad de enseñarle una lección. Si es posible, dígale que no está de acuerdo con cómo quiere manejar el escenario, pero que quiere que aprenda de sus propias experiencias. Respire hondo y deje que esa persona cometa sus propios errores. Tenga en cuenta que nunca debe hacer esto si es mucho lo que está en juego, pero permitir que alguien cometa sus propios errores puede ser una valiosa herramienta de enseñanza.

Por supuesto, si resulta que esa persona tenía razón, no sea soberbio al reconocer que han hecho un buen trabajo. ¡Sea humilde!

No tome la caída por alguien más.

Aunque un buen líder,en cierta medida, protege a su equipo y acepta la responsabilidad absoluta por sus resultados, no tiene mucho sentido arriesgar su propia reputación por mantener la paz y estar de acuerdo con una indicación que usted considera que está equivocada. Si la naturaleza obstinada de otro le costará personalmente, exponga su caso y luego muéstrese firme.

Pregúntese si el problema dejará de tener importancia dentro de una semana o un mes.

Si la respuesta es –'No, no le importará a nadie'–, entonces probablemente no valga la pena discutir. Suavice las cosas lo más rápido posible y avance a temas más importantes. Su tiempo es un recurso valioso, y no tiene sentido discutir sobre problemas menores cuando tiene mayores prioridades en las que concentrarse. Forme esta actitud en su equipo, y ellos aprenderán hacia dónde dirigir sus propias energías.

A veces hay que dejar que otras personas no estén de acuerdo - desde espacios separados.

A veces es apropiado dejar que dos de los miembros de su equipo se involucren en un desacuerdo saludable. Sin embargo, si comienzan a llamarse nombres o arrastran problemas del pasado, es hora de intervenir y forzar una tregua. Esto puede requerir que envíe uno para participar en una tarea de trabajo no relacionada, o incluso pedirles que por un tiempo se sienten en salas separadas. Si el ambiente de su oficina es informal y el problema es relativamente pequeño, intente señalar suavemente que es insensato discutir este punto en particular. Esto puede ser suficiente para ayudarlos a darse cuenta de que su tiempo sería mejor gastado en otra parte.

Trate de prever los problemas que puedan causar conflictos antes de tiempo, para que usted pueda anticipar la mejor manera de disipar la situación. Por ejemplo, si sabe que es probable que dos de los miembros de su equipo entren en desacuerdo en una reunión en particular, puede tener una discreta conversación con ambos antes del evento y establezca que, aunque respeta que tengan una diferencia de opinión, usted espera que ambos acepten actuar como adultos maduros y compartan su compromiso de actuar por los mejores intereses de la compañía.

Tenga en cuenta el contexto.

Si se encuentra sintiéndose especialmente irritable un día sin ninguna razón aparente, manténgaseatento para asegurarse de no tener discusiones innecesarias. Como regla general, no discuta cuando esté inusualmente ocupado, cuando esté especialmente cansado, o lo primero que se haga un lunes por la mañana; esto determinará un tono poco agradable para el resto de la semana.

Cómo, Finalmente, Empezar A Recordar Nombres.

Si maneja un equipo grande, es posible que deba aprender muchos nombres en un lapso de tiempo relativamente corto. Muchos líderes encuentran esto difícil, así que aquí hay algunos consejos que pueden ayudar.

Ponga las fotos de los miembros de su equipo en un archivo bien situado.

La mayoría de las organizaciones mantienen fotografías oficiales archivadas de todos los empleados. Imprima una hoja A4 de estas fotos, con sus respectivos nombres, y manténgala a mano. Dedique un par de minutos al día a estudiar esta hoja hasta que sepa quién es quién.

Use el nombre de las personas en la conversación.

Usar el nombre de alguien en un saludo y luego un par de veces durante una conversación lo ayudará a reforzarlo en su memoria a medida que su cerebro escuche la palabra utilizada en un contexto de la vida real. No use su nombre en exceso, ya que suena extraño o aterrador, pero asegúrese de incluirlo en cada interacción significativa al menos una vez.

Llegue a conocera su equipo como personas.

Cuanto más valore a los miembros de su equipo como personas, más fácilmente recordará sus nombres porque le parecerán más reales e importantes. Asegúrese de preguntar por sus hijos, familias o sobre un pasatiempo en particular que les parezca importante.

Si su personalidad y la de su organización parecen pertinentes, sugiera que todos usen etiquetas con nombres durante unos días o que las presenten cada vez que hablen con usted.

Si usted es nuevo en una organización y se enfrenta a la tarea de aprender muchos nombres en poco tiempo, adopte un enfoque osado y pida a todos que usen pequeñas etiquetas de identificación durante los primeros días. Alternativamente, si esta táctica no se ajusta a su personalidad, solicite cortésmente que todos se presenten por su nombre durante la primera quincena en la que usted esté en su nuevo rol.

Cómo Dar Retroalimentación Valiosa

Como líder, se le pedirá que,en periodos regulares, brinde su retroalimentación a todos los miembros de su equipo. Esto puede ser gratificante cuando las cosas van bien, pero difícil cuando necesita hacer sugerencias del modo en que la gente puede mejorar. Siga leyendo para obtener algunos consejos sobre cómo proporcionar mejores y más útiles comentarios.

Utilice la técnica del sándwich.

Como se mencionó anteriormente, la técnica delSandwich es una forma de hacer que la retroalimentacióno las noticias,críticas o negativas,sean más aceptables a través de aportar unafianzamiento positivo justo antes y después del contenido principal.

Al dar retroalimentación, siempre comience y termine haciendo una declaración positiva de algún tipo. Por ejemplo, podría elogiar el esfuerzo y la actitud de alguien hacia un proyecto, incluso si el resultado no fuera satisfactorio.

Centrarse en los objetivos, así como el rendimiento histórico.

Ya sea que proporcione comentarios positivos, neutrales o negativos, mueva la discusión hacia las metas lo antes posible. Para aquellos que se están desempeñando bien, las metas les brindan mayor dirección e incentivo para comportarse de manera productiva. Para aquellos que tienen un desempeño inferior, los objetivos ayudan a prevenir sentimientos de desesperanza e impotencia. Nunca permita que alguien se vaya de una revisión de desempeño o reunión de progreso sin tener una buena idea de hacia dónde se dirige. La falta de enfoque y convencimiento reducirá la motivación de cualquier empleado y disminuirá desempeño del grupo.

Cuando asuma un rol de liderazgo, se le indicará que siga un esquema de retroalimentación determinado, si su rol implica entregarlo de manera regular. Es una buena idea seguir los procedimientos señalados por la compañía, pero si detecta alguna debilidad no dude en acercarse a alguien en RRHH, que esté a cargo de la retroalimentación, y plantear el problema amablemente.

Recuerde las pautas básicas detrás de toda buena fijación de metas,tenga presente el acrónimo SMART[3]:

Específicas: las metas deben los comportamientos y objetivos que se puedan identificar. Por ejemplo: 'Mejorar la producción en un 25% dentro de las

---

[3] SMART: (Specific - Measurable - Achievable - Relevant - Time–bound):

próximas seis semanas', es específico, mientras que 'Mejorar la producción pronto' no es lo suficientemente específico.

Medibles: Las metas deben resultar en desempeño que pueda medirse de manera objetiva. Por ejemplo: 'Estar en la oficina puntual el 100% de las veces dentro de las próximas dos semanas'. ¡Esto se puede medir porque el tiempo se puede medir objetivamente!

Alcanzables: las metas deberían ser realmente factibles.

Relevantes: Las metas deben relacionarse con objetivos e intenciones más amplios. No tiene sentido establecer un objetivo si no ayudará a alguien a cumplir su función laboral de manera adecuada.

De duración Limitada: Las metas siempre se deben ubicar en un contexto de tiempo. Las metas pueden abarcar períodos de tiempo de días a años, pero es importante que la persona que se esfuerza por lograrlo tenga una fecha limite o similar con la cual trabajar.

Centrarse en los comportamientos, no en

la persona.

Si se enfrenta a la desagradable tarea de amonestar a un empleado por un deficiente desempeño o un comportamiento inadecuado, mantenga su conversación centrada en lo que realmente ha hecho (o a dejado de hacer), en lugar de abrir agujeros en su personalidad. Aunque es difícil, trate de diferenciar a la persona de la forma en que está actuando. Por ejemplo, si un miembro del equipo llega tarde con frecuencia, apéguese a los hechos cuando explique cómo deben cambiar, en lugar de destruirlo por su 'actitud despreocupada'. Deje en claro que necesita que se cumplan ciertos estándares: estar en la oficina a las 8:30 A.M todos los días, a menos que estén enfermos o pidan permiso de antemano para llegar más tarde, o de lo contrario habrá consecuencias tangibles (por ejemplo, un aviso formal por escrito).

La retroalimentación habitual es importante.

Si su empresa aún no cuenta con un procedimiento mediante el cual se envía retroalimentación regular a los empleados, establezca la prioridad de poner uno en funcionamiento lo antes posible. Esto puede ser tan simple como una revisión semestral con un cuestionario estandarizado, o algo más elaborado, como un sistema de retroalimentación '360º' en el que el empleado, sus colegas y su gerente brindan retroalimentación que luego se consolida en un soloencuentro. Pregunte a sus compañeros con responsabilidades similares a las suyas cómo enfocan la retroalimentación de los miembros de su equipo. Puede ahorrarse muchos inconvenientes, tiempo, prueba y error aprendiendo de aquellos que han estado en la empresa por más tiempo y comprenden su cultura.

Pruebe su estilo de retroalimentación.
Pídale a un colega o amigo de confianza que le haga una evaluación honesta del estilo de su retroalimentación. Indíquele que simule que está bajo su supervisión y que le está dando su retroalimentación. Muéstrele cómo entrega una retroalimentación positiva, neutral y

negativa. Solicítele que comente sobre la elección de sus palabras, ritmo y lenguaje corporal. Pídale que imagine cómo se sentiría al salir de la reunión si estuviera en la posición de alguien en el equipo que usted dirige. Puede descubrir que necesita comunicarse más claramente, o quizás adoptar un tono de voz más alentador. Puede ser fácil suponer que otras personas deducen de nosotros exactamente lo que pretendemos comunicar, pero a menudo no es así. Minimice el riesgo de que esto ocurra al representar primero los roles.

Conclusión

¡Gracias por escoger y descargar este libro! Con su recién adquirido conocimiento y prácticos consejos para poner a prueba, usted está bien preparado para desarrollar su potencial de liderazgo. Recuerde que aprender a dirigir bien es un proyecto para toda la vida. Buena suerte, y aquí está para su éxito

Parte 2

INTRODUCCIÓN

Bienvenido al Liderazgo: en lugar leer descripciones, una página tras otra, de las reacciones químicas que ocurren dentro de nuestros cerebros cuando nos comunicamos; o escuchar la jerga antigua de libros de texto, este libro elimina ese relleno con el fin de proporcionar información procesable que puedes comenzar a usar hoy. Cada página contiene información relevante y lista para aplicar. Se recomienda al lector que utilice esta información para desarrollar sus propias técnicas y estilos personales. El libro fue diseñado para que se lea de principio a fin, sin embargo, si un determinado capítulo es de particular interés para usted, no dudes en adelantarte, por ejemplo, salta la sección de *frases influyentes* si estás buscando obtener un aumento salarial.

Cada sección profundiza en un tema diferente. Se organizan de tal manera que se apoyen mutuamente hasta el capítulo final, que explicará cómo unir todo y qué estilos de liderazgo y métodos de comunicación funcionan mejor en cada situación.

A lo largo de este libro, este material de alto nivel lo ayudará a comprender lo que tanto los superiores como los miembros del equipo requieren de un líder y cómo administrar y guiar estas expectativas hacia los mejores resultados en todo momento. El libro se compone de modelos, estrategias y tácticas que abarcan varios temas que pueden usarse individualmente o combinados para afirmar tus ideas e interacciones directas con cualquier número de personas en cualquier situación. Este libro está principalmente enmarcado alrededor del entorno de trabajo, pero si eres un entrenador de fútbol, gerente de ventas, asesor financiero o empresario, este libro tiene información relevante para sus interacciones comerciales diarias y, cuando se usa correctamente, mejorará tu producción y progresión dentro de tu campo.

Este libro se centra en tu experiencia y

debe integrarse con lo que ya sabe, con el objetivo de obtener una mayor influencia tanto en su lugar de trabajo como en la industria. Sigue los ejercicios y los modelos de toma de decisiones incluidos y encontrarás una confianza adicional en tus habilidades de delegación y gestión.

Entiende y aprende cómo obtener los mejores resultados de otras personas a través del *Pensamiento Sistemático, la comprensión y la retroalimentación*, al mismo tiempo que aumentas la funcionalidad y la productividad de cualquier equipo con las técnicas de gestión de resultados que se explican en Administración de resultados.

Los capítulos *Frases influyentes que puedes usar hoy* y *Tácticas rápidas que puede usarhoy* fueron diseñados para, de un vistazo, brindar consejos y técnicas útiles sobre las formas más efectivas de hacer preguntas, hacer solicitudes y delegar.

Tu equipo es tu recurso más importante. Sus habilidades y valores únicos contribuirán a los resultados del grupo en formas que a menudo pueden parecer aleatorias. Pero a través del desarrollo propio y en equipo, comenzarás a reconocer los patrones dentro del sistema, percibirás los eventos venideros y conocerá los estilos de comunicación y administración adecuados para influir con éxito en la situación hacia el resultado deseado. No te quedes al capricho de tu entorno; aprovecha, fortalece y perfecciona tus habilidades de comunicación, influencia y toma de decisiones y conviértete en el líder más poderoso que puedas ser.

¿QUÉ HACE A UN LÍDER?

Un líder no existe como un cuerpo independiente, existe como una conexión entre individuos: Un acuerdo hecho para los intereses de los grupos. Un líder debe poder reconocer dónde están ellos y su equipo, hacia dónde se dirigen y la mejor manera de llegar allí. Los mejores líderes, como los mentores, nos guían en el marco de desarrollar no solo nuestras habilidades, sino también nuestra individualidad.

Los líderes tienen la capacidad de equilibrar su tremendo poder creativo con un realismo humilde. Esta honestidad no obstaculiza la capacidad de un líder para pensar o actuar, sino todo lo contrario. Estos atributos conducen a una mayor calidad de acción que es congruente con los valores individuales y de la empresa y un alto nivel de éxito.

Al establecer objetivos mensurables para utilizarlos como indicadores en el camino hacia el logro de una meta, el líder organizado mantiene a su equipo en la pista. Para ser un líder eficaz, deberás dominar muchas habilidades tanto prácticas como interpersonales, pero ninguna más importante que las siguientes:

Un líder debe aceptar la realidad y actuar en consecuencia

Aceptar la realidad de una situación puede no parecer a primera vista una habilidad, sin embargo, ser capaz de desconectarse de sus emociones y preconceptos para tomar la decisión más lógica requiere mucha práctica. Debes estar atento para no dejar que tus emociones se queden con lo mejor de ti al tomar decisiones.

Actuar en consecuencia podría significar cualquier cosa, desde mejorar tu conjunto de habilidades hasta hacer horas extraordinarias, incluso podría significar aceptar que una estrategia actual no funciona y reconocer que es hora de cambiar. La clave es reconocer y aceptar las realidades y los resultados adjuntos a la situación actual y luego influenciarlos en nuestra ventaja. Esto se logra a través de los siguientes rasgos:

Un líder posee carisma.

Un líder tiene niveles muy altos de influencia.

Los líderes tienen una paciencia excepcional.

Los líderes tienen buena capacidad de atención y enfoque.

Un líder es respetado por todos, no solo por su equipo.

Los mejores líderes tienen un sentido arraigado de responsabilidad.

Puedes detectar a un líder por la forma en que son tratados por otros.

Un buen líder confía en ser el centro de atención y se siente cómodo al no ser el centro de atención.

Los líderes están generalmente bien preparados.

Los líderes hablan con un aire de confianza.

Los líderes no pierden la compostura.

Un líder sabe hacer cosas.

Los líderes están constantemente buscando mejorar.

Los líderes son inspiradores y apasionados.

Los líderes poseen altos niveles de transparencia e integridad.

Los líderes se mantienen tranquilos y compuestos bajo presión.

Los líderes son emocionalmente inteligentes.

La flexibilidad extrema viene con facilidad a los líderes efectivos.

Los líderes hablan menos y escuchan más.

Jefe vs Líder

Fundamentalmente, la comparación entre jefe y líder es una de autoridad contra influencia. A continuación, analizaremos las diferencias de autoridad e influencia en el liderazgo, pero ahora debemos considerar cómo podemos diferenciar entre un jefe y un líder. Durante su próxima interacción con un gerente/jefe/líder, presta atención a lo siguiente:

Un jefe usa términos como "lo haré" o "lo harás"; un líder dice "lo haremos".

Un jefe exige respeto; la conducta de un líder es aquella que dirige y gana respeto.

Un jefe confía en su posición de autoridad; un líder conserva su influencia independientemente de la posición.

Un líder es seguido con gusto; un jefe es obedecido a regañadientes.

Un jefe usa 'zanahorias y palos'; un líder inspira a quienes los rodean.

Los jefes demandan tiempo; los líderes dan tiempo.

Los líderes enseñan a sus compañeros de equipo; los jefes envían subordinados al reentrenamiento.

Los jefes utilizan procedimientos de recursos humanos; los líderes se comunican con los individuos.

Los líderes tienen una baja rotación de personal; Los jefes están constantemente entrevistando al personal potencial.

Un jefe está interesado en lo que está mal; Un líder está interesado.

Un jefe hace responsable al personal; los líderes comparten la responsabilidad.

Los líderes utilizan el potencial de su equipo; los jefes usan su personal.

Un líder es un modelo a seguir; los jefes inspiran miedo.

Un líder está abierto a debate; un jefe te abrirá la puerta cuando salgas.

Los líderes son receptivos; los jefes son reactivos

Aptitudes
Los líderes poseen muchas habilidades y calificaciones, pero nunca es la calificación

formal lo que hace al líder. Los rasgos y habilidades ejercidos por los líderes más influyentes se desarrollan a lo largo del tiempo con cada nueva habilidad mejorando aún más la última. La verdadera medida de un líder es la manera en que llevan a su equipo en tiempos de cambio y conflicto.

Muchos miembros del equipo pueden contribuir a un proyecto, pero en última instancia, la decisión y la responsabilidad recaen en el líder del equipo. Esto requiere que el líder del equipo sea capaz de tomar decisiones apropiadas que a veces pueden parecer severas o drásticas. La habilidad para tomar decisiones correctas que impulsan exitosamente a un equipo viene con la experiencia, sin embargo, hay modelos de toma de decisiones útiles contenidos en este libro que actuarán como estabilizadores mientras se construye la experiencia.

Autoridad, Ejemplo y Conocimiento
Autoridad y liderazgo no son sinónimos. En muchos casos, la autoridad del líder es

algo que solo se percibe desde fuera de la dinámica del grupo. La autoridad de un líder puede describirse mejor como su influencia y el nivel de influencia de un líder puede medirse por la calidad de las relaciones que tienen con sus seguidores. Por lo tanto, los individuos con posiciones de autoridad solo pueden ser considerados líderes si pueden influir con éxito en otros. Dentro de los equipos exitosos, el líder a menudo es visto como un compañero en lugar de un superior. En los momentos de cambio, un líder toma el control y lleva a su equipo adelante, mientras que una figura de autoridad obliga a su equipo a ir adelante. En conclusión, la influencia de un líder magistral es muy superior a las amenazas de una figura de autoridad.

Los verdaderos líderes lideran con el **Ejemplo**. Lideran desde el frente y se responsabilizan de ellos mismos y de su equipo. Un líder debe tener la experiencia y el conocimiento para poder llevar adelante a su equipo, guiándolos hacia los resultados deseados y superar cualquier momento difícil. Asegúrate de que tus acciones sean congruentes con lo que dices, evita decir una cosa y hacer otra, ya que esto tendrá un impacto negativo en la percepción de tu autenticidad.

El conocimiento solía ser poder, pero ya no. Vivimos en una era donde el conocimiento es barato y, por lo tanto, está subvaluado y subutilizado. Gracias a internet tenemos acceso a información prácticamente ilimitada; la clave es cómo aplicamos esa información. El poder en la era moderna es la creatividad. La forma en que usamos e implementamos nuestro conocimiento es la verdadera medida de nuestra inteligencia como individuos. Podemos cambiar el mundo a través de la observación racional (derivada del conocimiento y la experiencia) y la creatividad, que son las piedras angulares de la influencia y la innovación. Cuando carecemos de conocimiento, limitamos gravemente nuestras capacidades creativas, nuestras opciones, influencia y nuestras posibilidades de éxito.

Comunicación

Las habilidades de comunicación son esenciales para el éxito en cualquier campo. Estas habilidades nos permiten entender mejor y cooperar con quienes nos rodean. En los negocios o cuando estamos administrando un equipo, una comunicación clara es especialmente crucial ya que las habilidades de comunicación afectarán enormemente las negociaciones a su favor. En los entornos de trabajo, las buenas comunicaciones generan confianza y confiabilidad, además de reducir errores y aumentar la productividad. Se ha demostrado que la comunicación en el lugar de trabajo aumenta la moral y la responsabilidad del personal, especialmente si el personal y los miembros del equipo tienen la capacidad de comunicarse tanto horizontalmente como verticalmente en la cadena de mando. También hay muchos beneficios monetarios para mejorar sus habilidades de comunicación que, al principio, no son evidentes. Promoción y marketing de afiliación para empezar, pero eso se tratará en otro libro más adelante en la serie.

Las habilidades de comunicación avanzadas mejorarán tu calidad de liderazgo, esferas de influencia y posibilidades de éxito para el resto de tu vida. Los mejores comunicadores también son maestros en las habilidades de comunicación no verbal, como el lenguaje corporal. Antes de continuar, aquí hay un consejo rápido. Decide el tono del mensaje que intentas transmitir antes de comenzar. Esto te ayudará a mantenerte alejado de los desencadenantes emocionales y permitirá una mayor agudeza. Ejemplos:

Amabilidad

Ser claro y conciso (directo al punto)

Empatía

Apologética

Indulgencia

Confianza

Respeto

Cautela

Guíar/Asesorar

Alabar

Dicción, Ritmo, Tono y Volumen.
Una gran parte de la información que comunicamos se transmite a través de lo que decimos. Pero no te dejes engañar pensando que son las palabras que elegimos las que transfieren la información que nuestro mensaje intenta transmitir. Las audiencias reciben la mayor cantidad de información a través de la manera en la que hablamos, no de las palabras que usamos. Nuestra dicción delata mucha de nuestra información personal al igual que nuestro ritmo. El tono y el volumen transmiten mucho sobre nuestros sentimientos actuales hacia lo que se está discutiendo. Todos tenemos la habilidad natural de "leer" a otros a través de su dicción, ritmo, tono y volumen, haciéndolo un aprendizaje nutrido.

La **dicción**, junto con una buena enunciación y una pronunciación clara, facilitarán las cosas para tu audiencia, permitiéndoles enfocarse en tu mensaje. Practica simplificar oraciones eliminando palabras innecesarias para asegurarte de que eres lo más comprensible posible.

Trabaja sobre el uso adecuado de las palabras, esto ayuda a transmitir emociones y te lleva al grano.

El **ritmo** o la velocidad al hablar, se miden más comúnmente en palabras por minuto, pero a veces se pueden medir en sílabas por minuto. Por supuesto, esto varía de un idioma a otro, pero por el momento nos limitaremos al inglés y al promedio de palabras por minuto. El análisis de los oradores profesionales nos muestra que, idealmente, queremos utilizar entre 150 y 180 palabras por minuto, según la situación. Variar su ritmo de habla a lo largo de su conversación o presentación, ayudará a aumentar y mantener la atención de la audiencia y, por lo tanto, aumentará la percepción del carisma. Cuando estés en el camino hacia el dominio del ritmo del habla, asegúrate de prestar atención a la complejidad del contenido y la claridad tanto de tu idioma como de tu visión.

El **tono** es algo sobre lo que generalmente tenemos buen control, sin embargo, para obtener un sonido completo de sus cuerdas vocales, es importante que se mantengan hidratadas. Después de la hidratación, antes de hablar en público (¡todas las mañanas antes de salir de casa!) intenta tararear durante unos minutos, variando el tono. Este ejercicio calentará tu voz, permitiendo un mayor rango cuando se habla en público.

Un **tono** de voz amigable es tranquilizador; le permite saber que puede confiar en la persona con la que está hablando y que se puede confiar en ella. Para desarrollar un tono amigable, primero debe decidir qué tonos le parecen amigables y comenzar a reflejar los tipos de tonos que se adaptan a su tono y acento. Si tiene un fuerte acento, elimine la jerga regional de su vocabulario para que sea más comprensible.

Cuando se habla desde el corazón, un ritmo relajado y un poco más profundo que el tono habitual transmitirá la profundidad de su mensaje.

Si estás hablando, lo ideal es que quieras que te escuchen. Si necesitas aumentar el volumen, no grites, esto solo estresará tus cuerdas vocales y la voz sonará tensa. Si necesitas un mayor volumen, habla firmemente desde el diafragma tensando su estómago y los músculos de la parte inferior de la espalda, ya que esto agregará más profundidad a tu voz, llevándola más lejos y sin sacrificar la calidad del tono de voz o tu mensaje.

Enfrenta a tu audiencia

Algunas personas desarrollan el hábito de no mirar directamente a su audiencia, por ejemplo, pueden mirar el piso, una luz o un asiento vacío, pero esto en sí mismo demuestra una falta de confianza y baja valoración. No mirar directamente a la audiencia puede ayudar con problemas de confianza; sin embargo, aquellos que eligen este método se pierden una de las aplicaciones naturales de la voz. Cuando estamos mirando a otra persona, nuestras voces se modulan automáticamente para que la persona pueda escucharnos cuando hablamos. Utiliza este talento natural a tu favor.

Tarareo

Calentar la voz no es solo para cantantes. Cada mañana y antes de cualquier presentación pública, la voz debe estar preparada para la acción. Comienza con un tono bajo y profundo prestando atención a las vibraciones dentro de tu pecho. Después de unos segundos de zumbido bajo, levanta el tono ligeramente y continúa haciéndolo cada cinco segundos.

Trabalenguas

Los trabalenguas son una forma ideal de afilar no solo nuestra elocución; también nos ayudan a agudizar nuestras habilidades de memoria y ganar confianza.

Comida y bebida

Es un hecho que debemos beber mucha agua para mantenernos hidratados. Más allá del agua, intenta mezclar un poco de limón y miel para aliviar las cuerdas vocales. El té de hierbas también funciona muy bien.

Evita los irritantes de garganta como las

bebidas gaseosas, el alcohol, las bebidas energéticas, los jugos de frutas y cualquier cosa que contenga cafeína. Los productos lácteos también tienen un efecto adverso en nuestras voces al hacer que se desarrolle un exceso de flema.

Las comidas picantes son particularmente buenas para aflojar la flema que se forma naturalmente en nuestra garganta y que a veces puede hacer que una voz suene ronca o forzada.

Aunque debería ser evidente, cabe mencionar que fumar inflige graves daños a nuestras gargantas y cuerdas vocales, por lo que dejar de fumar debe considerarse seriamente. Fumar no es un hábito racional.

Estilos de liderazgo

Hay tantos estilos de liderazgo diferentes como líderes que luchan por adoptarlos. Existen bibliotecas completas dedicadas a implementar las numerosas técnicas de administración, pero el hecho es que cada persona es diferente y debe adoptar un estilo que funcione para ellas y sus objetivos. Convertirse en un verdadero líder significa, en última instancia, desarrollar su propio estilo y estrategias que aprovechen las propias habilidades prácticas e interpersonales. Sin embargo, a continuación, he explicado algunos de los estilos más exitosos actualmente en uso para darle algunas ideas básicas.

El **liderazgo autocrático** es un estilo de liderazgo donde el enfoque está en el líder. Todas las decisiones son alcanzadas por solo el líder, sin consultar a los subordinados y luego las tareas pasan a través de las filas. Los líderes autocráticos a menudo se ven obligados a confiar en políticas, procesos y procedimientos formales para ayudarlos a administrar sin la participación directa de su equipo. Los líderes autocráticos no suelen ser los jefes más populares y el estilo trae problemas inherentes; sin embargo, sí funciona para algunas personas. Hay algunos líderes autocráticos extremadamente poderosos.

Los gerentes y líderes que utilizan el estilo de **liderazgo democrático** dependen de los comentarios de otros antes de actuar. Los miembros del equipo y los subordinados son valorados en el proceso de toma de decisiones; sin embargo, la responsabilidad recae en el líder o gerente que tuvo la última palabra en asuntos como la delegación, los objetivos y los plazos.

Los adoptantes del estilo de **liderazgo carismático** son visionarios que valoran la individualidad. Reconocen que cada persona tiene diferentes habilidades para ofrecer. El líder carismático dirige a su equipo para actualizar su visión a través del impacto personal, el respeto y el poder de su personalidad. Las personas naturalmente gravitan alrededor de los líderes carismáticos: inspiran a quienes les rodean en la acción y son excelentes para trabajar con ellos.

El estilo de **liderazgo de coaching** es cada vez más generalizado y popular. El líder o mentor del coaching supervisa de cerca a su equipo y desarrolla las habilidades de cada miembro para optimizar a cada individuo y, por lo tanto, mejorar los resultados del equipo en general. Este es un ambiente extremadamente productivo que crea personas valiosas y leales.

El estilo de **liderazgo facilitador** requiere un alto nivel de agudeza para aprender a dominar. Los líderes facilitadores dirigen delicadamente a su equipo en función de sus resultados actuales. Si un equipo falla o se vuelve complaciente, el líder facilitador adoptará un enfoque más práctico, administrando cada tarea paso a paso si es necesario. Al gestionar un equipo de alto funcionamiento, el líder facilitador adoptará una posición de fondo que le permitirá al equipo continuar operando con éxito a través de su propia iniciativa.

Los **líderes estratégicos** se centran en la organización en su conjunto en el lugar del enfoque habitual de arriba a abajo. Los líderes estratégicos también pueden producir el estándar esperado aún en tiempos de cambio, sin disrupción. Un experto en el estilo de liderazgo estratégico operará en todos los niveles de la empresa (generalmente entre bambalinas), vinculando a las personas y los departamentos, facilitando con éxito el flujo de información y producción en toda la empresa. Los líderes estratégicos son los individuos de alto funcionamiento que son propensos al éxito.

El **liderazgo transaccional** es tal y como suena. Si el grupo o la persona completa su tarea asignada o alcanza los objetivos acordados previamente, se les recompensa (generalmente por comisión). Puede parecer bastante básico pero este estilo tiene sus beneficios. Un equipo que opera bajo este liderazgo suele poseer lineamientos claros, permitiendo que los miembros del equipo sepan su claramente su posición y lo qué se espera de ellos. Este es un entorno de "nadar o hundirse" que se centra en las expectativas, donde las recompensas son excelentes, pero la tasa de deserción y el estrés son altos.

Autodesarrollo

Los mejores líderes están en un camino constante de autodesarrollo y descubrimiento, las habilidades a partir de las cuales se utilizan para desarrollar a los demás a su alrededor. La piedra angular del desarrollo personal es reconocer sus propios pensamientos y acciones, así como las consecuencias involucradas. Con el tiempo, comenzarás a notar sus patrones de comportamiento, momento en el que podrás comenzar a modificarlos y cambiarlos. Lo primero que debes recordar es:

Tus pensamientos se convierten en palabras.

Tus palabras determinan tus acciones.

Tus acciones se convierten en tus hábitos.

Tus hábitos determinan tu carácter.

Tus pensamientos no son tus creencias; solo reflejan tus creencias y rara vez son totalmente acertadas. Lo principal de las creencias es que funcionan de una o dos maneras: o te habilitan o te limitan. Presta mucha atención a tus creencias y al impacto que tienen en tu vida cotidiana, toma una nota mental sobre si esa creencia te está limitando o habilitando tu potencial para el éxito.

Alguien siempre está viendo, alguien siempre está escuchando

Alguien siempre está mirando, alguien siempre está escuchando y, por lo tanto, siempre debe presentarse con la mejor luz posible. Lo esperamos durante las entrevistas de trabajo y las cenas con los suegros. Sin embargo, en estos tiempos modernos, más que nunca estamos en el centro de atención y, por lo tanto, debemos ser conscientes de las percepciones de los demás. Las percepciones de los demás no deben ser temidas. Con un poco de autoconciencia podemos asegurarnos de hacer grandes primeras impresiones que se mantengan en el tiempo y, con la continuidad e integridad de nuestro carácter, siempre proyectaremos una imagen positiva. Para prepararse para una interacción, intenta hacerte algunas preguntas básicas. Las siguientes preguntas te ayudarán a no cometer errores de juicio al presentarte:

¿A dónde voy?

¿Quien estará allí?

¿Qué se espera de mí?

¿Cuál es el código de vestimenta?

¿Qué voy a decir a quién?

¿Cuáles son mis objetivos?

Agudeza, flexibilidad, educación e implementación.

La agudeza es una mayor conciencia de ti mismo, tus acciones, tu entorno y los resultados que obtienes. La agudeza y la conciencia son habilidades extremadamente valiosas a desarrollar y que te permitirán descubrir si lo que estás haciendo te ayudará a obtener lo que quieres. Después de analizar tus propias acciones y sus resultados, ahora tienes opciones que considerar. Normalmente, quien tenga más opciones (debido a su flexibilidad) tendrá la mayor influencia en cualquier situación dada. Una vez que hayas analizado tus resultados actuales, es posible que debas ajustarte y redirigirte un poco para definir mejor tus resultados, esto puede requerir que aprendas una nueva habilidad o simplemente un cambio de perspectiva. Ahora que has reconocido los resultados y los ajustes necesarios para mejorar, todo lo que queda es internalizar tus nuevas habilidades o métodos y aplicarlos de la manera correcta.

"Lave, enjuague y repita" el método anterior de manera regular y mantendrás actualizada tu conjunto de habilidades, además de adquirir un hábito de superación personal y desarrollo personal. A medida que diriges y rediriges tus acciones de manera adecuada a través del análisis de resultados, encontrarás que tus resultados son de una calidad mucho mayor y que tus objetivos son mucho más rápidos de alcanzar.

El efecto de esta mejora habitual impulsará a un equipo hacia adelante a través del desarrollo del individuo, permitiendo que los miembros del equipo sean más confiados y competentes, dentro una cultura de excelencia integrada. Esta es una de las formas en que un líder mantiene el respeto duradero requerido para administrar un equipo a largo plazo.

Carisma e impacto personal

El impacto personal puede ser descrito como carisma, pero el carisma es difícil de medir. Sin embargo, su poder se eleva por encima de la posición social, la riqueza y destruye los prejuicios preconcebidos. Misterioso por naturaleza, se cree que el carisma es el regalo de unos pocos elegidos y un regalo muy poderoso. En realidad, el carisma es la capacidad de causar una impresión sobresaliente, emocionalmente cargada y duradera en quienes nos encontramos. Los que tienen y utilizan su carisma influyen naturalmente en quienes los rodean, ya que irradian competencia y confianza.

Cuando los abordamos, el carisma y la simpatía son conceptos difíciles de entender. Pero todo se reduce a cómo se sienten los demás cuando están a tu alrededor. Podemos enfocarnos en los rasgos de comunicadores enigmáticos y líderes del pasado y ver qué tienen para enseñarnos. Mi experiencia en la industria de ventas me llevó a descubrir métodos prácticos para aumentar mi impacto en cualquier interacción. Como se mencionó anteriormente, los primeros pasos son la autoconciencia y la flexibilidad, seguidos de la educación y la implementación. Con el objetivo de obtener un mayor impacto personal, las áreas en las que se centrará deberán ser localizadas, trabajar en áreas individuales y el aprovechamiento de las mismas aumentará en gran medida tu carisma y el impacto personal sobre las personas que conozcas (Un ejemplo de aprovechamiento es, por ejemplo, una postura adecuada que mejorará en gran medida tu voz al hablar).

Indicadores que necesitas para trabajar en tu carisma e impacto personal:

- Sufro de ansiedad especialmente al dar presentaciones.

- Soy un introvertido.

- A menudo me encuentro mirando el suelo.

- A menudo me siento a la defensiva.

- A veces me cuesta expresar lo que siento.

- La gente me dice que murmuro.

- Mi postura no es la mejor / a menudo "encojo" la espalda.

- Mis ideas a menudo son ignoradas o rechazadas.

- Estoy vacilante.

- A veces lucho con las decisiones.

- Cada vez que hablo parece que tengo la reacción "sí, pero".

- La gente a menudo malinterpreta mis intenciones.

- Me pongo nervioso al "abrir" nuevos clientes o hablar con nuevas personas.

- Me llevo bien con los clientes, pero lucho por 'cerrar'.

- Regularmente uso palabras de relleno como "um" y "uh".

Aumentar tu carisma e impacto personal

Hay muchas maneras de aumentar tu carisma e impacto personal, pero aquí solo discutiré métodos que no requieren inversión y que se pueden implementar hoy. Con el tiempo, todos desarrollamos malos hábitos y debemos mantenernos controlados para garantizar que aprovechamos al máximo nuestra situación y la nuestra. Gran parte de tu carisma se reduce a tu ingenio: Debes usar lo que tienes de forma efectiva y sin dudas.

Respiración

Cuando hables, intenta respirar lenta y profundamente proyectándote desde los pulmones inferiores. Esto permitirá un sonido más completo, un tono más seguro y un mayor control de volumen.

Ropa adecuada

No subestimes el efecto de la vestimenta adecuada. Aunque sea obvio, sabemos que las personas se visten según lo que está de moda, pero otras personas percibirla como inapropiada. ¡No hagas esto! En ambientes formales o de trabajo, se deben usar trajes conservadores y que se ajusten adecuadamente. Un traje adecuado te llevará lejos.

Postura

Tu postura afecta en muchos aspectos, además de cómo otros te percibirán. Una postura correcta y adecuada te permitirá trabajar más efectivamente y con menos fatiga causada por el cuerpo, además de mejorar en gran medida la voz. Vigila tu postura, los malos hábitos se desarrollan fácilmente. ¡Corregir la mala postura y sentarse derecho!

Voz

Su voz es la forma más fácil de proyectar confianza y carisma, la voz es la herramienta más flexible disponible para usted y debe ser tratada como tal. Sería una buena idea escuchar a oradores famosos como Anthony Robbins y prestar especial atención a los comediantes de stand-up, para obtener algunas pistas. Estos son algunos consejos que puedes probar ahora mismo para mejorar la calidad de tu voz:

Mientras hablas, intenta tensar tus abdominales, esto ayudará a proyectar tu voz desde el diafragma.

Puedes tensar tus abdominales y la espalda baja para realzar la voz, pero el resto del cuerpo debe estar lo más relajado posible.

Si estás de pie, coloca tus pies uno frente al otro con su peso desplazado ligeramente hacia adelante.

Coloca los hombros hacia atrás y deslízalos hacia abajo para enderezar la espalda y levantar la cabeza, con la barbilla paralela al suelo sin bajar ni levantar.

¿Trabajando en la postura? Mírate bien en el espejo

Bueno, tal vez no necesariamente un espejo, pero puedes tomar 2 fotos completas de ti mismo, una al frente y otra al costado. Una vez que tengas las fotos, coteja con la lista a continuación para diagnosticar y solucionar cualquier problema de postura.

- ¿Está su oreja colocada frente al punto medio de su hombro? Si es así, su cabeza está orientada demasiado hacia adelante.

- Si su omóplato es visible, eso significa que su espalda está demasiado curvada.

- Si sus caderas empujan hacia adelante, esto arquea significativamente la parte inferior de su columna vertebral. Esta condición se diagnostica como una inclinación pélvica anterior.

- Mira tus hombros. ¿Aparece uno más alto que el otro? No debería.

- ¿Tus rodillas apuntan hacia adentro?

- ¿Sus dedos apuntan hacia adentro o hacia afuera más de 10 grados?

Si sufres de hombros redondeados, completa lo siguiente:

Acuéstate boca abajo en el suelo, con cada brazo en un ángulo de 90° con las palmas hacia abajo. Sin cambiar el ángulo del codo, levanta ambos brazos tirando de los hombros hacia atrás y sosténgalos durante cinco segundos. Completa 3 series de 15 repeticiones diarias.

Movimiento deficiente de la cabeza por rigidez en el cuello:

Moviendo sólo su cabeza, baje su barbilla hacia su pecho para estirar la parte posterior de su cuello. Mantenga la posición durante cinco segundos y repita al menos 10 veces al día.

Hombros desalineados o elevados:

Siéntese derecho en una silla con las manos a los lados, los brazos rectos y las palmas hacia abajo en el asiento. Ahora, sin mover los brazos, empuje la silla hacia abajo hasta que las caderas se levanten del asiento y el torso se levante. Mantenga esto durante cinco segundos. Completa 3 series de 15 repeticiones diarias.

Presencia

El poder transformador de la presencia es a menudo el rasgo más deseado asociado con el carisma. La posición social y la influencia a menudo se evalúan por la calidad y la fuerza de su presencia. Estar presente en el momento aumenta enormemente la calidad y la profundidad de su presencia, pero ¿qué significa estar presente? Nuestras mentes cambian naturalmente su orientación y estilos de pensamiento en cada momento, estos cambios mentales pueden ser activados por prácticamente cualquier cosa. Para permanecer presentes, debemos estar conscientes de nuestros estados mentales y deshacernos de cualquier mal hábito que hayamos adquirido en el camino. A lo largo de la vida, todos desarrollamos hábitos que tienen un efecto negativo en la percepción de nuestra presencia, como el egoísmo, la jactancia, las rabietas, la tardanza y la falta de fiabilidad general. Debemos estar atentos a estos rasgos negativos y erradicarlos al descubrirlos. Nuestras emociones son nuestra mejor herramienta para leer nuestro estado interno, pero ¿cómo leemos nuestras propias emociones? ¿Y cómo afecta esto nuestra presencia? La forma en que nos sentimos es, en efecto, un indicador de cómo estamos pensando y cómo estamos pensando dicta nuestro nivel de presencia en el momento actual. Para "estar" en el momento presente, nuestro pensamiento debe centrarse en el presente y no en el pasado o el futuro. Aquí es cómo las emociones y los plazos coinciden con su estado actual y estar presentes:

La ira es una emoción reaccionaria causada por pensar en el pasado.

La tristeza también indica que estamos pensando en el pasado (la ira puede ser reconocida como el guardaespaldas de la tristeza).

El miedo y la preocupación surgen cuando estamos pensando en eventos futuros.

Felicidad/tranquilidady la sensación de "el tiempo se pasa volando" es una clara indicación de que estás presente en el momento.

En resumen, si deseamos estar en el momento presente, nuestro pensamiento debe centrarse en el presente y no en el pasado o el futuro. Una vez que estamos plenamente presentes, podemos centrarnos y mejorar el impacto general de nuestra presencia, que puede aumentarse mediante:

Hacer un contacto visual significativo con cada persona presente al entrar en una habitación, acompañado por una cálida sonrisa.

Deja que otros hablen primero, no tengas prisa por hablar. Un momento de silencio permitirá que todas las partes se ajusten a tu presencia. Si la audiencia está inquieta, permíteles asentarse antes de comenzar.

Vuélvase presente cerrando los ojos primero, respire hondo y manténlo durante cinco segundos. Al notar cómo se siente el viento en tu piel, concentratu atención en las diferentes partes del cuerpo, el brazo izquierdo, la pierna izquierda, la pierna derecha y, finalmente, el brazo derecho. Esto devolverá tu atención al presente.

Aquellos con presencia irradian energía, pero ¿de dónde proviene esta energía? Dentro de nosotros tenemos dos fuerzas energéticas primarias que podemos aprovechar para aumentar nuestros niveles de energía reales y percibidos. En primer lugar, extraemos energía de nuestro ser psíquico, el estado de alerta y la preparación de todo nuestro cuerpo, no perdemos esta fuente de energía por el nerviosismo y la duda. En segundo lugar, extraemos energía de nuestro ser individual, con eso nos referimos a nuestra experiencia y personalidades. Cuando nuestras acciones son congruentes con nuestros valores y sentimientos, nuestras acciones son energizadas exponencialmente por nuestro ser individual. Si nos falta motivación, debemos realinear nuestros valores y la situación o tarea en cuestión. En los casos en que nuestros valores no puedan alinearse, o estén en oposición directa a nuestra tarea o curso de acción propuesto, la tarea propuesta debe ser redefinida o rechazada.

PENSAMIENTO SISTEMÁTICO

La forma en que hacemos lo que hacemos para lograr nuestros resultados es un paso más allá de la estrategia estándar y, por lo tanto, se lo denominará pensamiento sistemático. Un aspecto esencial del pensamiento sistemático proviene del reconocimiento de las representaciones internas de nosotros mismos y de los demás. Todos deberíamos ser conscientes de cómo nuestras representaciones internas y nuestra mentalidad se corresponden con nuestros comportamientos externos y los resultados resultantes.

El pensamiento sistemático efectivo surge al combinar un conjunto funcional de habilidades de pensamiento crítico. Mediante el uso de procesos estratégicos, los pensadores sistemáticos pueden predecir, evaluar e influir con éxito en los próximos eventos. Para dar un impulso a nuestras habilidades de pensamiento sistemático, primero debemos discernir y comprender los aspectos separados involucrados y centrarnos en cada uno, antes de finalmente volver a armar todo de una manera que se adapte a nuestros estilos, valores y objetivos individuales. Para poder reconocer las conexiones entre su estado interno, representaciones y comportamientos externos, debes hacerte las siguientes preguntas:

¿Cuál es mi estado actual?

¿Cuáles son mis primeras impresiones del asunto que me ocupa?

¿Cómo los componentes individuales del problema se relacionan conmigo?

¿Cómo han afectado mis conductas el proceso?

¿Cómo ha afectado el proceso mis comportamientos?

¿De qué manera planeo influir en el sistema/situación?

¿Está fallando realmente el proceso actual? En muchos casos, los procesos funcionan extremadamente bien, pero no de la manera que anticipamos.

¿Es mi estado y representaciones internas la causa de algún problema?

¿Es el problema o la situación actual la causa de mi estado interno?

¿Cuál es el valor de esta situación?

¿Se ha tratado este problema o problemas similares en el pasado?

Si es así, ¿cómo se trató?

Nuestro cerebro tiene dos mitades, el hemisferio izquierdo y el hemisferio derecho. Se piensa que cada uno de estos hemisferios controla las facultades mentales opuestas. Nuestros hemisferios izquierdos están a cargo de nuestro pensamiento racional y lógico; mientras que la creatividad se ubica dentro del hemisferio derecho. Cada uno de nosotros naturalmente favorece un estilo particular de pensamiento; algunos de nosotros somos creativos y favorecemos el lado derecho, mientras que otros favorecemos el enfoque más formal del lado izquierdo. Un aspecto importante del pensamiento sistemático es la capacidad de utilizar los lados izquierdo y derecho del cerebro, cambiando rápidamente del pensamiento divergente al convergente para manejar de manera efectiva una determinada situación. Hay varios métodos que pueden ayudarnos a mejorar nuestra capacidad.

Nuevos estímulos

Cada vez que salimos de nuestras zonas de confort o probamos cosas nuevas, nuestras mentes racionales y creativas naturalmente trabajan juntas.Las nuevas situaciones despiertan nuestra mente creativa y, al mismo tiempo, utilizan nuestro pensamiento lógico para evaluar los riesgos y las oportunidades.Todo esto sucede de forma extremadamente rápida y natural.Exponerse a situaciones nuevas y desafiantes es una excelente manera de obligar a tu mente a pensar de nuevas maneras y también puede ser muy divertido.

Presta atención a las nuevas ideas

La inspiración puede venir de cualquier lugar y en cualquier momento, presta atención y recopila las ideas más recientes.Los nuevos conceptos impulsan el cambio, así que anima a tu equipo a mantener un ojo en la innovación y juntos se mantendrán a la vanguardia.

Aumenta tu conocimiento

La experiencia por sí sola no es suficiente para convertirse en expertos en resolver problemas.El conocimiento aumenta nuestro potencial para idear resultados.Una base de conocimientos sólida y una actitud inventiva son los atributos más valiosos.

Interactúa con tantas personas como sea posible (sin perder tu tiempo)

Intercambiar ideas con compañeros es emocionante, una burbuja creativa rodea a los involucrados y la innovación está asegurada.Interactuar con personas de otras industrias puede llevar a nuevas perspectivas, cambios masivos y oportunidades de crear redes.

Acepta tareas y rompecabezas desafiantes como pasatiempo

Dominar un nuevo idioma o instrumento musical es fantástico para hacer uso simultáneo de ambos hemisferios del cerebro.Los rompecabezas y los acertijos también nos alientan a pensar de manera lógica y creativa.

Tómate un tiempo

Es importante que todos en su equipo tomen descanso y se relajen regularmente.Alienta activamente a tu equipo a tomarse un descanso, a menudo cuando las personas regresan de los descansos cortos están llenas de ideas y positividad.

Aprendiendo a pensar sistemáticamente

La comprensión fundamental del pensamiento sistemático no debe considerarse como la comprensión de los sistemas.Es una comprensión de cómo surgen los problemas diarios que todos enfrentamos.

Las dificultades en la resolución de problemas a menudo surgen por no darse cuenta de que los**incidentes no sonaislados**, y se producen en relación el uno al otro.

Cuestiones complejas solo se puede resolver con pensamiento sistemático."Mezclarlos" solo llevará a consecuencias no deseadas, lo que posiblemente empeorará el problema.

Patronesocurren constantemente. Si consideramos que nuestras vidas son una historia, estos patrones regulares serían representados por arcos de historias recurrentes con temas similares. Estos temas arquetípicos se deben ver como un signo de un cambio de comportamiento que se avecina o se requiere.

Busca **puntos de ventaja.**Lograr resultados óptimos a menudo significa actuar dentro de un proceso o sistema, desde un punto que a primera vista puede parecer contrario a la intuición.

Reconoce que la mayoría de los**problemas se resuelven mejor a través de múltiples métodos**y soluciones que trabajan en conjunto.Ignora la tendencia de creer que un problema se puede polarizar alrededor de una sola solución.

Ver todo el sistema como una familia. Los miembros de la familia, aunque estén relacionados, de hecho tienen sus propias vidas y agendas.Las acciones de los miembros de la familia a veces pueden proporcionar resultados inesperados, aunque como grupo están extremadamente cerca.El nivel de complejidad de las interacciones dentro de un sistema, familia o equipo es tal que causarán regularmente resultados que nadie quiere.

Haz el compromiso profundo de aprender a**desarrollar el coraje de equivocarse.**El dominio proviene del análisis de nuestros propios modelos y procesos mentales.

Desarrolla unaforma de pensar a**largo plazo versus a corto plazo**, aprendiendo en el camino a renunciar a la gratificación a corto plazo para la inversión a largo plazo en el éxito.

El pensamiento sistemático no permite el pensamiento oportunista,que a menudo es una decisión arriesgada y emocional.Eso no significa que los pensadores sistemáticos no sean oportunistas, simplemente significa que incluso las oportunidades deben evaluarse adecuadamente.

Pasamos mucho tiempo enfocándonos en la inteligencia de los individuos (este es, de hecho, el problema con la educación hoy en día).**La inteligencia colectiva o social**no se trata del tipo más inteligente de la sala.Un equipo debe girar en torno a la inteligencia colectiva y lo que podemos lograr como colectivo.

Tener una visión

Por lo general, tu visión es una imagen clara de dónde quieres estar, pero el camino para convertir esta visión en realidad está plagado de metas y desafíos más pequeños que superar.Cada objetivo debe representar un punto de referencia en su camino y estos objetivos deben dividirse en objetivos manejables que se puedan completar dentro de un plazo.

Tener una visión puede parecer un poco filosófico, pero en esencia, cuando comunicas tus ideas a otros, tu visión solo requiere dos aspectos.Al presentar tu visión en un entorno profesional, debes manejarte de manera similar a un discurso de ventas, sin embargo, en este caso, la audiencia está formada por superiores y/o compañeros de equipo y lo que usted quiere que compren es su idea y no productos o servicios.Tu visión debe motivarte y también debe tener la capacidad de inspirar a otros a actuar.A medida que describastu visión, se creará una imagen del futuro, un futuro que es mejor para todos y todos lo lograrán juntos siguiendo tu liderazgo.

Además de los dos aspectos principales mencionados anteriormente, cuando comuniques tu visión a otros, querrás que incluya respuestas a lo siguiente:

¿Qué logrará usted/su equipo?

¿La visión tiene valores congruentes?

¿Cómo te afectará a ti/tu equipo a largo plazo?

¿Cuánto tiempo tardará?

¿Qué necesitas para lograr tu visión?

¿Exactamente qué se necesita para tener éxito?

¿Cómo se medirá el éxito?

¿Este éxito causará el fracaso de alguien más?

¿Esta visión contiene soluciones a largo o corto plazo?

Proceso básico de aclaración de resultados

Cada situación es diferente y no todas las reglas se pueden aplicar a todas las circunstancias, pero en términos generales, la viabilidad de tu tarea debe someterse a un proceso de aclaración de los costos, los beneficios y la factibilidad general de cualquier proyecto o tarea.Hay algunas consideraciones básicas que requieren atención antes de compartir tu visión.Siempre vale la pena recordar que en los negocios siempre es mejor "seguir el dinero, no el sueño", lo que significa que debes hacer lo que es rentable y ser flexible con tus sueños.

¿Cómo afectará el resultado a los que me rodean?

Sé ético, nadie quiere tener un efecto negativo en quienes los rodean.En la mayoría de los casos, encontrarás que lo mejor para el equipo también es lo mejor para el individuo.Recomiendo encarecidamente no sacrificar a otros por nada que no sea salvar el negocio o el equipo en su conjunto.Nunca arriesgues la seguridad y el bienestar de otros para obtener ganancias financieras.

¿Será el resultado un activo, gasto o pasivo?

Esta es una pregunta muy importante y muchas ideas no pasarán esta etapa.Este no es un libro sobre educación financiera; sin embargo, es muy importante categorizar cualquier proyecto por sus resultados de las siguientes maneras:

Un**activo**le proveerá a usted, a largo plazo, aumentar el flujo de caja de manera regular o aumentar el valor de los activos existentes.No todos los activos son financieros, un activo puede ser cualquier cosa que continuamente agregue o fortalezca su negocio o equipo.

Por lo general,un**gasto**puede clasificarse junto con los gastos corrientes esenciales y uno de los pagos.Asegúrate de que tus gastos no sean pasivos disfrazados.Una vez que tengas claro que tu gasto es, de hecho, un gasto que debes considerar detenidamente, ¿vale la pena?(lo que sea que pueda ser).

Evitar**responsabilidades.**Los pasivos te cuestan a diario, semanalmente o mensualmente, con poca o ninguna ganancia.Un error común que cometen las personas es asumir que un automóvil es un activo, cuando de hecho, para algunas personas, un automóvil es claramente una responsabilidad que corre por encima de sus posibilidades.Algunas personas toman este ejemplo al extremo y compran automóviles con financiamiento, asegurando que un flujo constante de efectivo dejará sus cuentas en el futuro inmediato.

Beneficios y Costos

Al evaluar los beneficios de un resultado, debemos utilizar nuevamente nuestra agudeza.La evaluación adecuada de los beneficios frente al costo implicará una serie de factores que se afectan mutuamente.

Financiero

Costos a corto plazo vs beneficios a corto plazo.Costos a largo plazo vs beneficios a largo plazo.Costos a corto plazo vs beneficios a largo plazo.

Los costos a largo plazo para los beneficios a corto plazo ni siquiera deberían considerarse.

Escala de tiempo

En primer lugar, ¿está la escala de tiempo bajo mi control?¿La lectura de este resultado demorará otros proyectos?

Procesos actuales

Las acciones emprendidas o las actualizaciones realizadas a los procesos deben preservar los beneficios de sus acciones actuales.Sacrificar la eficiencia en un área para mejorar otra hará que se "duplique" en una fecha posterior.Si la solución a un problema causa otro, esto significa que su solución es defectuosa.Debes volver a la etapa de lluvia de ideas.

Haz una nota mental del acrónimo**SMARTERR**(por sus siglas en inglés)que puede ayudarnos a recordar los fundamentos de la aclaración de resultados.Este es el resultado de ser **Específico, Medible, Alcanzable** y **Racional** dentro de una **Escala de tiempo**.Una vez que se alcanza un resultado, debe**Evaluarse**y**Perfeccionarse**y, finalmente, su éxito debe**Repetirse**.

Sobre entender e influir en otros

¿Alguna vez te has preguntado cómo dos personas pueden tener la misma conversación y cada una tiene ideas diferentes sobre lo que se discutió?A veces experimentamos eventos con otros solo para discutir más tarde sobre lo que realmente sucedió.¿Cómo es esto posible?A lo largo del día, estamos bombardeados con un flujo constante de información y nuestros cerebros están limitados en cuanto a la cantidad de información que puede tomar y observar en cualquier momento.La forma en que seleccionamos la información es en gran medida inconsciente y se basa libremente en nuestro sentido favorito.Por ejemplo, donde un individuo puede recordar más de lo que vio, otro individuo puede recordar más de lo que se dijo.De lo que se recuerda, el significado es creado por el individuo que experimenta los eventos.Cada uno de nosotros procesa la información de una manera única y es importante que entendamos esto si deseamos entender a los demás con éxito.

La mayor parte de la información que encontramos se pierde durante el día o el camino, así que mucho de lo que nos queda es la información que utilizamos para tomar decisiones.Una vez recopilada, la información que recopilamos durante el día se filtra a través de nuestras interpretaciones personales: políticas, culturales, sociales, significados internos y suposiciones.Estas interpretaciones alimentan nuestros procesos de pensamiento que a su vez afectan nuestros estados emocionales.

Para comprender a los demás, debemos aprender a aplicar ingeniería inversa a sus acciones y emociones para discernir su proceso de pensamiento que conduce a su interpretación personal de los eventos e intenciones.Al observar las acciones de otros de esta manera, podemos desarrollar una comprensión más profunda de las creencias personales y los procesos de pensamiento del individuo.

Comunicarse con un individuo a través de sus creencias no es solo una técnica para influenciar.Los beneficios son al menos tres:

Una comprensión más profunda que crea relaciones y confianza más significativas.

Se reduce el riesgo de malas interpretaciones.

Una creencia es probable que inspire a alguien a la acción.

En los negocios

Comprender una organización es muy similar a entender a un individuo.Ahora es algo común que una empresa tenga una lista de valores (que generalmente consiste en palabras de moda).Desde estos valores podemos percibir la forma en que la organización se ve a sí misma y desea que otros la vean.

Hay dos preguntas subliminales que cualquier empresa o persona siempre se pregunta a sí misma al decidir si hacer negocios con una organización determinada:

¿Siento que esto es un buen trato?

¿Me gusta la compañía/persona con la que estoy tratando?

Está en tu objetivo responder ambas preguntas de manera afirmativa antes de que surjan.Para hacer esto, hay varias estrategias y tácticas disponibles para usted, algunas de las cuales funcionan mejor cara a cara y otras son más adecuadas para conversaciones telefónicas o correos electrónicos.

Habilidades de negociación

Una negociación puede definirse como cualquier interacción en la que dos o más partes siguen pautas previamente acordadas para fomentar situaciones de beneficio mutuo.Hay reglas a seguir durante las negociaciones, sin las cuales pronto descendería a la locura.Lo siguiente aumentará enormemente sus posibilidades de éxito durante las negociaciones.

Antes de cualquier negociación, colóquese a un ángulo de su contraparte para no sentarse directamente enfrente de ellos.

Sea claro acerca de lo que es importante.

Discuta la negociación como si fuera un problema compartido.

Durante las negociaciones, asegúrese de avanzar hacia los objetivos, así como de mantenerse alejado de los problemas.

Si alguien le hace una oferta, discútala por completo antes de continuar o considerar tu contraoferta.

Cuando negocie, utilice el cuestionamiento directo como oposición a las declaraciones.

Al final del proceso de negociación, resuma todos los puntos cubiertos y cualquier progreso realizado.Esto asegurará que no haya malas interpretaciones.

Integridad y continuidad

Como individuos, nuestros caracteres y autenticidad se miden en gran medida por nuestra integridad o nuestra integridad percibida.Honrar los compromisos nos hace honestos, confiables y, en última instancia, felices.La integridad es uno de los rasgos más valiosos que un individuo puede desarrollar junto con la inteligencia, la persistencia y la determinación.A veces su integridad será puesta a prueba;estos momentos a menudo resultan ser momentos que definen el carácter y no deben tomarse a la ligera.

La honestidad y la integridad dentro de un equipo producirán resultados consistentes de la más alta calidad.La confianza dentro de un equipo es muy importante;Debes liderar tu equipo con integridad.Ser fiel a tu palabra nunca es más importante que cuando tu equipo se enfrenta a tiempos de cambio.Los líderes y gerentes del equipo pueden querer, a la vez, restringir el flujo de información a su equipo para protegerlos, pero esta estrategia será contraproducente todo el tiempo y su equipo perderá la fe tanto en su integridad como en sus habilidades de liderazgo.

En el mundo de los negocios, la continuidad conduce a la sostenibilidad, por lo tanto, la integridad puede considerarse fundamental para una estrategia eficaz.Los planes de negocios diseñados de manera inteligente están claramente alineados con las políticas comerciales y las estructuras organizativas en el momento de la concepción y los diversos factores se evalúan por orden de importancia.Una vez establecido, el mantenimiento de la continuidad y la integridad de la organización son esenciales para que una empresa pueda superar con éxito las dificultades del mundo empresarial.La debida diligencia y la planificación de una organización ética irán más allá de los problemas de cumplimiento estándar y de salud y seguridad, ya que es éticamente correcto.

Para mantener la integridad de la organización, una empresa debe adoptar un enfoque mixto de modelos y procesos formales e informales que alcancen los estándares legales y los valores de la empresa.Estos valores y procesos deben ser claros, simples y deben encarnar el marco moral colectivo general de los empleados.

Recuerde:siempre es mejor rechazar una tarea que aceptar algo que no puedes entregar a tiempo o en su totalidad.Más allá de simplemente cumplir tu palabra, el hecho de poder cumplir tiene un efecto en quienes le rodean.Por ejemplo:Si planificaras un evento y, 24 horas antes, te enteraras de que habría un bajo nivel de asistencia, en última instancia, sería mejor para usted continuar con el evento.Significaría mucho para las personas que sí asistan y su integridad y continuidad seguirán intactas.

Compenetración

Tener una buena relación con una persona o grupo es tener una comprensión armoniosa de las ideas y los sentimientos y un flujo natural de comunicación entre las personas involucradas. Desarrollar sus habilidades de relación debe considerarse un aprendizaje esencial para cualquier persona que desee tener éxito en el mundo de los negocios.La confianza y el respeto mutuos obtenidos a través de una buena relación conduce a relaciones significativas y duraderas.Ser capaz de comunicarse de manera efectiva es una habilidad muy apreciada y, una vez establecida, una buena relación lo apoyará en sus relaciones personales y comerciales.Hay muchas escuelas de pensamiento dedicadas a obtener y mantener una buena relación con la PNL (Programación Neuro Lingüística) y bloquear las técnicas psicológicas de marketing y publicidad, e incluso a los libretos estándar de "llamadas en frío".

¿Cómo ganamos y mantenemos la relación?Hay muchas cosas que considerar antes de intentar aumentar los niveles actuales de relación.Intentar usar métodos y técnicas para crear una buena relación puede ser muy arriesgado y, si no se realiza correctamente, se puede ver fácilmente, lo que significa que la interacción se presentará como algo artificial.Esto tendrá el efecto contrario al deseado y los niveles de relación disminuirán significativamente.Debe tener confianza y ser competente si desea aplicar las habilidades aprendidas a las interacciones naturales; las mejores interacciones tienen un aire de espontaneidad natural y fluyen fácilmente hacia conclusiones mutuamente beneficiosas.Si tu estilo de comunicación carece de relación, se le considerará aburrido, previsible y hasta grosero.A continuación se presentan algunas técnicas posibles y probadas para la construcción de relaciones.

Simpatía y respiración

Presta atención a los patrones de respiración de las personas con las que estás interactuando, ¿cómo respiran?¿Respiraciones profundas o poco profundas?¿Largo o corto?¿Cómo afecta su patrón de respiración a las pausas en el habla?Los patrones de respiración se pueden ver como el ritmo subyacente de la interacción.

A continuación, hay algunos significados generalizados que se pueden deducir a través del monitoreo de los patrones de respiración de un individuo.Es importante recordar que estas reglas no se aplican en todas las situaciones.Cada persona tiene su propio estilo de comunicación individual, aspectos como las condiciones médicas y los malos hábitos pueden hacer que la lectura exitosa de un individuo sea más un proceso fluido en lugar de una guía rígida.

La respiración superficial puede indicar que una persona se siente nerviosa o incómoda.

La respiración rápida indica miedo, alto estrés o enojo.

Una respiración profunda y rápida o un suspiro forzado indican un aumento del estrés.

Las respiraciones lentas y profundas suelen indicar relajación o concentración.

Una vez que te hayas fijado en el patrón de respiración de alguien, modula gradualmente tu respiración para que coincida con la de ellos y continúa de forma normal. Toma nota del efecto que esto tiene en la interacción. Reflejar (copiar/imitar) el patrón de respiración de un individuo tiene otro beneficio valioso, cuando se aplica correctamente, alguien puede ser llevado a un estado diferente. Una vez sincronizado con el patrón de respiración de alguien, podrás aumentar o disminuir suavemente su propio patrón de respiración, la persona con la que está interactuando seguirá tu ejemplo y aumentará o disminuirá su propio ritmo respiratorio, por lo que se le permitirá calmarse o energizarse.

Postura espejo

Cuidado con postura espejo; es muy fácil de detectar cuando se hace incorrectamente. Si te descubren copiando la postura de alguien, te sentirás bastante tonto. Comienza por prestar más atención a las posturas de las personas en general y comenzarás a notar que las personas coinciden con las posturas de los demás en todas partes.

Copiar los movimientos exactos y la postura de alguien no es necesario. El efecto espejo se puede lograr con algo tan ligero como un movimiento de la mano. Un buen lugar para comenzar es practicar naturalmente tomar un sorbo de su bebida al mismo tiempo que aquellos con quienes estás.

Sincronizar tono y ritmo

El tono de voz rara vez se usa para un efecto completo, pero en realidad una gran cantidad de información se representa a través de nuestro tono, incluso más que las palabras con las que elegimos comunicarnos.

Un ritmo rápido y un tono alto indican que el hablante está tenso, nervioso o incluso asustado.

Un tono neutro y un ritmo lento indican aburrimiento o tristeza.

Un tono y un ritmo ruidosos y erráticos indican excitación y / o enojo.

Un volumen y un tono bajos indican inseguridades.

Un ritmo armonioso y un tono ligero indican felicidad.

Un ritmo constante y el uso adecuado de diferentes tonos indican confianza y competencia.

Cuando te comunicas con alguien, presta especial atención a su tono de voz y trata de discernir su estado de ánimo subyacente actual. Una vez que tengas una idea de su estado emocional, elige un estado deseado. Luego, con sutileza, haz coincidir tu tono y ritmo, continúa para cambiar lentamente su tono y ritmo a fin de llevarlos a un nuevo estado positivo.

Los métodos y técnicas mencionados anteriormente deben practicarse individualmente hasta que nos sean intuitivos. Al principio, estas habilidades no vendrán naturalmente, pero a través de la práctica las internalizarás y podrás aplicarlas de forma naturalsegún la situación.

DESARROLLAR TU EQUIPO

Tu equipo es tu recurso más importante. Sus habilidades y valores únicos contribuirán a los resultados del grupo en formas que a menudo pueden parecer aleatorias. Pero a través del desarrollo propio y en equipo, comenzarás a reconocer los patrones dentro del sistema, percibirás los eventos venideros y conocerá los estilos de comunicación y administración adecuados para influir con éxito en la situación hacia el resultado deseado.

Tu equipo es un activo muy valioso y al invertir tu tiempo y comprensión en ellos, tanto individualmente como en conjunto, no solo crecerás como líder, sino que también maximizarás el potencial del equipo. Al aprovechar las habilidades individuales del equipo de la manera correcta, puedes optimizar todo el proceso. Por ejemplo, en un entorno de ventas por teléfono, es posible que tengas un "abridor" experimentado que llame a los clientes y los presente a la empresa, que luego transferirá el cliente a un miembro del equipo con mayor experiencia en el cierre de la venta.

No te irrites ni te pongas demasiado agresivo, esto molestará a todos en todo momento. Es muy posible que tengas razón, pero al igual que con las Leyes de la física de Newton (cualquier acción tendrá una reacción igual y opuesta), si presionas te presionarán de vuelta, tanto los miembros del equipo, como los superiores y los clientes.

Para gestionar con éxito el desarrollo individual y grupal de tu equipo, debes conocer cómo encaja cada persona, qué ofrece y cómo utilizarla de la mejor manera. Antes de comenzar cualquier tarea de grupo, un líder debe hacerse las siguientes preguntas:

¿Podemos lograr esta tarea?

¿Qué recursos necesitamos para completar la tarea?

¿Qué recursos tenemos ya?

¿Cuáles son nuestras fortalezas en este campo?

¿Cuáles son nuestras debilidades?

Como líder, ¿qué estilo de liderazgo debo emplear para completar mejor esta tarea?

Recuerda: Desarrolla, adapta y aplica.

Recuerda: como líder, sabes que estás trabajando bien cuando nadie se da cuenta de que existes.

Las siete etapas

Hay siete etapas principales por las que un equipo deberá cruzar en su camino hacia una meta o tarea grupal. Podemos tratar de acortar este proceso y "saltar" etapas, pero la experiencia nos enseñará que si lo hacemos seremos eventualmente obligados a regresar a una de ellas después. Cada una de las siete etapas plantea sus propios problemas; estos se manejan manteniendo una línea abierta de comunicación y retroalimentación entre todo el equipo. Cada etapa dicta que un líder haga ciertas preguntas a su equipo para medir el progreso. Es responsabilidad del líder liderar a su equipo a través de las siete etapas dando el primer paso. Esto deja a un líder vulnerable a cometer errores. Asegúrate de que estos errores no se conviertan en errores al abordarlos en ese momento.

La primera etapa de cualquier proyecto es la **orientación**. En este punto, un líder describe la situación actual: cómo llegamos aquí, la identidad del equipo, el propósito y los valores. La etapa de orientación es importante ya que establece la dirección general y los requisitos del equipo.

La segunda etapa, **Concepción o Lluvia de ideas**,apela a la franqueza del equipo en su conjunto. Un equipo que trabaja desde una base de respeto mutuo aportará innumerables ideas a la mesa. Si se ignora la fase de lluvia de ideas, el equipo será incierto y estará desorientado o peor, temeroso y desconfiado.

Cuando se **delinean los objetivos** y se aclaran los objetivos, el objetivo es establecer claramente qué se requiere y por quién, tus objetivos integrados y la visión que el equipo comparte como un todo. Si los roles y objetivos individuales no se aclaran con el resto del equipo, esto podría hacer que las personas se muestren escépticas con respecto a la tarea en su totalidad, lo que significa que en una fecha posterior se debe regresar a esta etapa para obtener una explicación detallada.

La fase de **compromiso** es la etapa final en el desarrollo de la tarea en cuestión. Ahora todos tienen objetivos claros y medibles, se han tomado decisiones y ahora el equipo está listo para actuar. Si no se resuelve, la fase de compromiso será contraproducente y algunos miembros del equipo se resistirán al plan en su totalidad. Otros pueden estar de acuerdo con el plan, pero dependerán de otros para hacer el trabajo duro.

A lo largo de la etapa de **implementación**, es responsabilidad del líder asegurarse de que todos hagan lo que deben hacer cuando sea el momento. Esto se hace delineando procesos claros que se alinean con las habilidades y valores del equipo. De lo contrario, se perderán los plazos, y llevaráa conflictos y la confusión.

La etapa de **acción** es donde todo se junta. Si has realizados las debidas diligencias en las etapas anteriores, la etapa de acción será fluida y exitosa. La ubicación adecuada y la sinergia de su equipo traerán espontaneidad y sus objetivos serán superados una y otra vez. Ten cuidado de no sobrecargar a tu equipo, esto puede llevar al éxito al principio pero causará problemas en el futuro.

El **análisis** es esencial si queremos continuar siendo exitosos. La celebración de nuestras victorias y el reconocimiento de lo que hemos aprendido nos proporcionarán poder y motivación para la próxima tarea. El análisis también funciona para refinar nuestras estrategias al diseccionar lo que hemos hecho anteriormente para reconocer en detalle qué funciona mejor y dónde. El reconocimiento y los elogios deben ser abundantes en esta etapa, ya que esto desviará el aburrimiento y el agotamiento.

Las siete etapas ocurren naturalmente y al reconocerlas y explorarlas podemos usar estas etapas como indicadores de nuestro progreso. Conocer las siete etapas nos permite rastrear los problemas hasta su origen y tratarlos de manera efectiva. Presta el debido respeto a las siete etapas, ellas no se deben evitar.

Si tu equipo está pasando por un momento difícil, lo primero que debe hacer es consultar las siete etapas y determinar la etapa actual en la que se encuentra su equipo. En segundo lugar, debe reconocer y volver sobre sus pasos hasta que se identifique la causa subyacente. Como se mencionó anteriormente, un problema subyacente tendrá poco que ver con cualquier individuo, pero puede abarcar al grupo como un todo.

¿Qué es "retrasar al equipo" y qué lo hace avanzar?

Evalúar lo que te retrasa en contra de lo que lo te hace avanzar es muy diferente a crear una lista de pros y contras. Las listas de pros y contras son costos y beneficios, cosas que tienden a ser tangibles. Las cosas que te retrasan son usualmente variables situacionales y trastornos emocionales, mientras que lo que hace que las personas avancen es el sentido de la posibilidad. Al preguntar ¿qué me está frenando? ¿Qué me está empujando hacia adelante? Nos hacemos preguntas positivas que requieren respuestas creativas en lugar de simplemente definir las características mediante pros y contras.

No tengas miedo de las limitaciones situacionales, cambian constantemente y en la mayoría de los casos se superan fácilmente. Deben ser confrontados rutinariamente.

Los complejos emocionales que provienen de malas experiencias anteriores pueden ser muy arraigados y difíciles de detectar. Definir adecuadamente sus valores puede combatir esto al igual que tomarse el tiempo para intercambiar ideas.

No cometas el error de responsabilizar a un miembro del equipo por lo que pueda estar frenando a su equipo en su totalidad. En el peor de los casos, puede verlos como un síntoma del problema pero nunca la causa. Sus acciones o cualquier comportamiento rebelde es, con toda probabilidad, una reacción a problemas legítimos que otros han pasado por alto. Culpa a un miembro del equipo bajo su propio riesgo, soy un firme creyente del viejo adagio "Ningún hombre se queda atrás".

Dar y recibir feedback

Un circuito de retroalimentación bien establecido actúa de la misma manera que el combustible para cohetes. Impulsa y hace avanzar a los involucrados más allá de incidentes aislados y hacia nuevos territorios. La retroalimentación no debe reservarse para el 'rechazo' basado en el rendimiento, es importante que la mayoría de sus comentarios se proporcionen en

154

forma de elogio, por hacerlo bien o incluso no tan bien. Cuando los miembros del equipo saben que sus esfuerzos son apreciados, se crea un aire de camaradería, que es un estado ideal para el equipo.

Dar retroalimentación debe ser un diálogo abierto. Aquí hay algunos consejos para asegurar una retroalimentación mutuamente beneficiosa.

Indica que todos los miembros del equipo tienen la misma importancia independientemente de la posición o la autoridad.

La retroalimentación nunca debe ser acusatoria, esto solo servirá para alejar a su audiencia y cerrarla a su propia causa.

Preguntarle a un individuo cómo se siente revelará muchas cosas.

Permitir que las personas hablen durante el tiempo que quieran.

Sea claro sobre lo que quiere y lo que necesita como líder.

Sea abierto en sus declaraciones para permitir que su audiencia encuentre soluciones.

Si los comentarios están relacionados con el rendimiento, el uso de un lenguaje que favorezca a su audiencia será más constructivo.

Evite frases como "usted necesita" ya que esto implica que los esfuerzos anteriores no salieron bien.

La culpa no nos ayuda a avanzar hacia el futuro. Agota la motivación de las personas y a menudo les hace sentirse menos ingeniosos. Concéntrese en por qué surgen las situaciones y surgirán patrones, patrones que conducen a causas fundamentales que luego pueden tratarse.

Mantenga sus comentarios equilibrados. Esto no significa mantener una secuencia de comandos establecida y usarla en todos. Mantener el equilibrio a menudo requiere movimientos y reajustes constantes para mantener el control, y es esencial mantener el control al dar feedback.

Aprendizaje en grupo

Un elemento central del potencial de tu equipo es el aprendizaje organizativo que, a través de las personas que conforman el proceso de aprendizaje, proporciona resultados más importantes que sus partes individuales. El circuito de retroalimentación creado por el aprendizaje en grupo avanza exponencialmente el proceso de aprendizaje. Si el aprendizaje solo es el equivalente a la suma y la resta del aprendizaje, entonces el aprendizaje organizativo o grupal es similar a la multiplicación y división del aprendizaje. Te puedes imaginar que aprender solo es como estar en un campo de fútbol en la oscuridad: tienes la tarea de encontrar el balón y te dan unicamente una vela. El aprendizaje en grupo enciende al instante todas las luces.

Las empresas, las organizaciones y los equipos dependen de un flujo interno de información y el flujo de esa información depende de qué tan bien cooperen los individuos dentro del equipo. La información y las ideas nuevas se crean todo el tiempo debido a las condiciones siempre cambiantes. Aprovecha al máximo este flujo constante de información conociendo a tu equipo; si es posible, asiste a un evento social fuera del trabajo en grupo y observa cómo florece la dinámica.

Un proceso simple que se puede duplicar en toda la organización, el desarrollo de procesos de capacitación efectivos ahorra a las empresas no solo dinero, sino que también proporciona tranquilidad porque todos están en la "misma página".

Al desarrollar un proceso de aprendizaje que se utilizará para capacitar a un grupo u organización en su totalidad, es importante darse cuenta de que hay muchas maneras en que las personas aprenden. Para obtener más información sobre cómo y por qué la gente procesa la información de diferentes maneras, le sugiero que busque PLN (Programación Neuro Lingüística). Por ahora voy a cubrir los conceptos básicos de aprendizaje y estilos de aprendizaje. Las cuatro etapas de aprendizaje son las siguientes:

Incompetencia inconsciente

No soy consciente de la acción o habilidad.

La incompetencia consciente

Soy consciente de la acción o habilidad, pero no puedo hacerlo todavía.

Competencia Consciente

Puedo hacerlo si me concentro.

Competencia inconsciente

Puedo realizar esta tarea sin pensarlo; La habilidad ahora se ha convertido en una segunda naturaleza.

Como seres humanos, poseemos muchas formas diferentes de procesar información, ampliamente conocidas como los cinco sentidos. Cada uno de nosotros favorece ciertos sentidos por encima de otros y esto afecta la forma en que aprendemos. Aquí hay una breve explicación de los estilos de aprendizaje más comunes.

Las personas que favorecen elaprendizaje **visual** prefieren que se les muestre cómo completar una tarea o, si esto no es posible, las ayudas visuales como listas, gráficos y cuadros son de gran ayuda.

Muchas personas prefieren un estilo de aprendizaje **auditivo** en el que una explicación de la tarea y una explicación del proceso utilizado para completarla son a menudo suficiente información.

Una persona que aprende a través de las experiencias o **kinestésico**,puede encontrar que una descripción de la habilidad o tarea es una cuestión difícil de entender. Sin embargo, mostrarles cómo funciona el proceso y guiarlos a través del proceso hará maravillas.

TOMA DE DECISIONES

Tomamos cientos de decisiones a diario. En los tiempos modernos, quizás nuestras decisiones tengan consecuencias más leves, pero en el pasado no tan lejano nuestras decisiones diarias fueron una cuestión de vida o muerte. Todavía nos enfrentamos regularmente a la perturbación, al caos y al cambio, y cuando lo hacemos, intentamos comprender los eventos actuales y actuar de una manera que sea adecuada. Para ayudarnos a comprender la afluencia diaria de información, construimos mapas mentales que estructuran y categorizan estos eventos para hacerlos más manejables. Son estos mapas mentales los que nos ayudan a tomar decisiones.

Es importante que seamos conscientes de que nuestros mapas mentales del mundo se basan en la forma en que percibimos los eventos desde nuestro punto de vista individual. Por lo tanto, nuestros mapas mentales no son del todo precisos, son representaciones de nuestras creencias y experiencias pasadas que aplicamos a nuevas situaciones con la esperanza de comprender este nuevo terreno. Estos mapas mentales no funcionan en todas las situaciones, por lo tanto, es importante que podamos reconocer qué funciona dónde y cuándo. Las diferentes situaciones tienen diferentes valores, costos, beneficios y riesgos y deben manejarse de acuerdo con el valor de los resultados deseados.

Tomar una buena decisión no siempre es suficiente; Una vez que se ha tomado una decisión se debe implementar. Implementar una decisión a veces puede ser un proceso delicado; la clave es causar la menor fricción posible entre quienes no están de acuerdo con la decisión. Esto se logra a través de un buen manejo de los tiempos y la consideración.

Cualquier equipo debe confiar y respetar las decisiones de sus líderes; saben que las decisiones son estratégicas, no personales y que al seguir a su líder tienen mayores posibilidades de alcanzar sus objetivos. Lo más probable es que la decisión final sea una amalgama de aportes, ideas y puntos de vista de todos en el equipo, generando creatividad y entusiasmo.

Los modelos de toma de decisiones son herramientas que nos ayudan a definir el mejor curso de acción a tomar en cualquier situación dada. Hay innumerables modelos de toma de decisiones por ahí y te sugiero que hagas el tuyo propio. Antes de profundizar en los ejemplos, describiré los diferentes aspectos que debe incluir cualquier modelo eficiente de toma de decisiones.

Un modelo adecuado de toma de decisiones debe simplificar y organizar los eventos actuales, aclarando los costos y beneficios de los cursos de acción disponibles para usted. Muchos modelos son visuales y son muy similares a los algoritmos y diagramas de flujo. Finalmente, un modelo de toma de decisiones no proporciona las respuestas; solo hace preguntas que recopilan información relevante, lo que nos permite tomar decisiones totalmente informadas.

Encontrar soluciones

Para crear soluciones efectivas, primero debes cuestionar tus suposiciones y cualquier idea preconcebida que tengas sobre tus capacidades y lo que puedes lograr en la situación actual.

Si existen supuestos limitantes, estos deben tratarse antes de continuar. Enumera tus suposiciones y creencias junto con sus valores; los que coinciden con la tarea que nos ocupa yelimina las suposiciones y creencias que no estén relacionadas con la tarea o que se opongan a tus valores.

Muchos problemas son causados por decisiones ineficaces y falta de gerencia. Ambos son causados por pensamientos erróneos y deben ser reemplazados por estrategias más eficientes. No puedes superar un problema con el mismo nivel de pensamiento que lo creó.

Si una empresa está organizada y construida alrededor de nuestro mercado y nuestros clientes, estamos en una buena posición para reconocer qué es lo que les está causando dificultades. Se puede permitir a los compradores y clientes mencionar problemas y dificultades, pero nunca soluciones. Un cliente puede estar al tanto de un problema que lo está molestando, pero solo nosotros estamos en posesión de toda la información relevante y, por lo tanto, solo podemos tomar una decisión totalmente informada.

Nadie conoce tu posición y tu situación mejor que tú.

La búsqueda exitosa de soluciones y la definición de objetivos requiere que accedamos adecuadamente a todas las oportunidades, obstáculos, fortalezas y debilidades asociadas con cualquier problema o problema dado.

Una vez que hayas enumerado las oportunidades, obstrucciones, fortalezas y debilidades, debemos compararlas entre sí y con nuestros valores para discernir el curso de acción correcto.

Hay cinco formas principales en que se pueden abordar los problemas:

Resolver un problema es la opción fácil y solo es eficaz en las situaciones más simples. "Estas bolsas son pesadas, ¿debemos tomar el ascensor o las escaleras?" Una vez que la situación se vuelve aún más compleja, no es suficiente "resolver el problema".

Un problema se puede **resolver** al ver todo el panorama. "Fuera de las escaleras y el ascensor, ¿Qué nos lleva más cerca de nuestro automóvil?".

Los problemas y las dificultades se pueden **disolver** instantáneamente si se presenta un problema más grande y urgente. "Olvida las escaleras y el ascensor, ¿dónde está el baño?".

Tratar con problemas y dificultades también puede ser **delegado** a otros. "Me quedo aquí por un tiempo, ve a buscar el auto y reúnete conmigo afuera".

Al renunciar a tu propiedad del problema, eres **absuelto**. "Las bolsas pesadas son suyas, no mías. Las escaleras, el ascensor, para mí es lo mismo".

Establecer metas

Cuando establezca objetivos, es esencial establecer objetivos más pequeños a lo largo de su viaje, el éxito de cada uno actuará como un barómetro o punto de control donde podrá evaluar el progreso y los resultados que ha logrado hasta ahora. Su objetivo general, así como los objetivos más pequeños y manejables contenidos dentro, deben ser:

Claramente especificado/entendido

Realizable/Realista

Mensurable

Escalable en el tiempo

Ético/positivo

Relevante/Valioso

Seguro/Legal

Interesante

Desafiante

Si se cumplen todos los criterios anteriores, ya estamos en el buen camino hacia nuestro objetivo establecido. La razón por la que establecemos objetivos de esta manera es que nos brinda un camino discernible para seguir, uno que se puede ajustar y agregar según sea necesario.

Separando el feedback de la crítica.

Discernir los comentarios de las críticas puede ser difícil a veces, incluso arduo. Es importante que dejemos de lado nuestras emociones, especialmente si su proyecto es personal. Antes de poder acceder correctamente a la entrada de otros, primero debemos clasificar la entrada por su nivel de utilidad, las categorías son:

Consejo: "Creo que X necesita ser cambiado".

Elogios: "Pensé que era genial y no cambiaría nada".

Crítica: "Fue terrible, comienza de nuevo desde cero".

Decisiones de la estructura del equipo

Personalmente, no soy un fanático de las estructuras rígidas del equipo, pero sin embargo existen y, por lo tanto, deben abordarse adecuadamente. Aquí veremos algunas de las ideas y modelos de estructuras de equipo más exitosos que se usan actualmente. En lugar de profundizar en las explicaciones de la política y las psicologías detrás de estos modelos, me centraré solo en la información y las tácticas que se pueden utilizar hoy en día.

Permite que el personal y los miembros del equipo tomen decisiones: invita a todos a la sesión de lluvia de ideas; apreciarán el hecho de que su aporte sea valorado. Toma en cuenta que el personal de primera línea a menudo sabe más que una administración superior, por lo que ellos deben participar en el proceso de toma de decisiones.

Sustituye los roles y elimina la resistencia dentro de un equipo, posiciona a tu equipo por su individualidad y habilidades personales. Esto agregará un elemento de flujo a sus proyectos y los miembros del equipo se encontrarán haciendo lo que hacen bien; con el tiempo surgirán los maestros en el área.

Combinar miembros específicos del equipo; distribúyelos de acuerdo con sus habilidades en pequeños 'mini' equipos, cada uno centrado en un aspecto individual de una tarea.

Reutilizar o darle otro uso es una estrategia útil para mantener a un equipo energizado y actualizado con sus habilidades. No delegues tareas a personas que no puedan manejarlas, pero de vez en cuando agrega o cambia la función de los miembros del equipo para mantenerlos alerta.

Actualizar los conjuntos de habilidades, tanto las propias como de tu equipo, siempre es un esfuerzo que vale la pena.

El interés propio impulsa a muchas fuerzas de trabajo modernas y se ha comprobado que los planes de bonificación orientados a objetivos funcionan. El inconveniente es que las estructuras orientadas a objetivos/bonificaciones conllevan altos niveles de estrés y agotamiento, poca confianza y una alta tasa de rotación de personal.

Nuevo territorio

Al ingresar a territorios y situaciones no exploradas anteriormente, es importante que tengamos las habilidades de toma de decisiones necesarias para evitar con éxito cualquier trampa imprevista y aprovechar al máximo cualquier oportunidad. Si no sabemos qué camino tomar, debemos hacernos las siguientes preguntas para orientarnos adecuadamente y movernos en la dirección correcta.

¿Cómo llegué aquí / de dónde vengo?

Para saber a dónde vas, primero debes saber de dónde vienes. ¿Qué eventos llevaron hasta este punto? ¿Habrá un cambio de dirección aquí o una continuación de las estrategias y métodos actuales?

¿Son los eventos actuales congruentes con mis valores?

¿Cuáles son los cinco factores más importantes involucrados? ¿Estoy motivado por emociones negativas (alejarme de) o positivas (ir hacia)?

¿Quién está conmigo?

¿La influencia de quién me puede ayudar? ¿Quién se verá afectado por el resultado y de qué manera?

¿Qué me está frenando?

Organiza toda la información que has recopilado hasta el momento por nivel de importancia. Desde aquí, debes discernir el mejor curso de acción y establecer objetivos medibles y plazos para ayudarlo a dar el primer paso. Si hay algún factor que demora tus acciones, enuméralos por orden de importancia y conviértelos en los primeros objetivos de tu lista.

Al considerar el curso de acción más efectivo, considera lo siguiente:

¿Que quiero hacer?

¿Lo que es importante?

¿Qué desearía poder hacer?

¿Qué puedo hacer?

¿Cuál es la ruta más segura?

¿Qué es lo lógico/sensible a hacer?

¿Qué rutas he elegido en el pasado?

¿En qué rutas puedo retroceder si las hay?

¿Cuál es la 'norma' en esta situación?

GESTIONANDO RESULTADOS

Resultados y creencias

Sus resultados son el resultado de sus creencias combinadas en **habilidad, posibilidad y valor** (autoestima). Estas creencias deben ser aplicadas si deseamos alcanzar los resultados deseados. Establecer creencias es un llamado a la acción; naturalmente, actuamos de acuerdo con nuestras creencias, por lo que generalmente podemos asumir que las creencias que no están conectadas a acciones no son más que ideas agradables e ideales vacíos.

Habilidad

La habilidad es subestimada con demasiada frecuencia debido a creencias limitantes. La gente habla regularmente sobre lo que no puede hacer; Este es un hábito peligroso que tiene el efecto perjudicial de limitar su potencial de aprendizaje. Una vez que haya declarado abiertamente que no puede hacer algo, su cerebro le creerá y a tu cerebro no le gusta que se le demuestre lo contrario. Si estás luchando para alcanzar una nueva habilidad, eso está bien, ¡persevera!. Solo una cosa es cierta: *Aún no has alcanzado los límites de tus capacidades.* Siempre sé positivo acerca de tus habilidades, una actitud negativa y/o incluso una conversación negativa básica te atará en una red de limitaciones autoimpuestas de las que será difícil liberarse. Queremos ser fieles a nuestra palabra y una vez que declaramos abiertamente que no podemos hacer algo, nuestra mente se cerrará naturalmente a esa posibilidad.

Recuerda: mantente consciente y libérate de tus limitaciones autoimpuestas.

Posibilidad

Muchas personas asumen instantáneamente que algo está fuera su ámbito si no pueden ver una línea recta con flechas que los dirijan hacia su objetivo deseado, o si actualmente no poseen el conjunto de habilidades necesarias para completar su objetivo. Igualmente, algunas personas creen que las cosas son factibles solo porque (metafísicamente hablando) todo es posible. No confundas posibilidad con tu habilidad. Nunca te subestimes a ti mismo, aunque debes tener en cuenta tus limitaciones personales. Usted no quiere decepcionar a nadie, pero en el mundo de los negocios esto es tan malo como mentir. La forma de evitar este tipo de errores es completar unas debidas diligencias básicas. No cometas el error de pensar que algo no es posible debido a la falta de conocimiento o competencia, consuélese porque no conocemos nuestros verdaderos límites hasta que los alcancemos.

Creer que una tarea es posible y que tenemos la capacidad de completarla no es suficiente. También debemos creer que somos dignos de esta tarea y merecemos un resultado positivo. Sea consciente de los sentimientos de incomodidad y duda, ellos actúan como un signo claro de incongruencia y deben abordarse a través del desarrollo personal.

El costo efectivo

El costo en este caso no se limita solo al costo financiero (ver*Toma de decisiones*).

Gestionar resultados y obstáculos

Te enfrentarás a numerosos obstáculos a lo largo de tu viaje, muchos de los cuales serán visibles desde la distancia, pero a veces serás emboscado. Cuando surgen obstáculos, es importante que los clasifiquemos correctamente antes de tomar una decisión sobre la mejor manera de tratarlos. Algunos obstáculos se deben a las creencias actuales, otros serán problemas legítimos del mundo real. Los obstáculos reales se pueden clasificar de una de dos maneras. Son manejables y pueden ser superados de acuerdo a un tiempo y el esfuerzo dado. O bien, son objetos inamovibles que hacen que alcanzar su objetivo sea extremadamente improbable o imposible, dada la escala de tiempo o circunstancia actual. Para discernir efectivamente si un obstáculo es real o una creencia limitante, debes ubicarte en una de las siguientes categorías:

Actualmente no tengo los recursos pero se pueden adquirir con esfuerzo.

Tengo recursos disponibles para mí, pero no estoy seguro de qué hacer a continuación.

No tengo las habilidades para completar esta tarea.

El obstáculo hace que el resultado no tenga valor, sea ético o no valga la pena el esfuerzo.

Una vez que hayamos definido el obstáculo, podemos decidir qué curso de acción debemos tomar. Cuanto mayor sea nuestra atención durante la etapa de categorización, más opciones tendremos en nuestro proceso de toma de decisiones, lo que a su vez aumenta nuestra influencia.

Dirigiendo una conversación

Los seres humanos, por muy diferentes que nos guste pensar que somos, somos increíblemente similares en prácticamente todos los aspectos. Una vez que nos demos cuenta de esto, podemos comenzar a tomar nota de las cualidades fundamentales y los ideales que nos impulsan a todos. Al apelar a estos fundamentos, aumentamos en gran medida nuestra influencia sobre una situación y nuestras interacciones se destacarán por encima de la multitud.

Una de las formas más efectivas de dirigir interacciones y conversaciones es hacer preguntas. Las preguntas oportunas demuestran atención, comprensión e inteligencia al tiempo que crean una buena relación y guían la interacción hacia el resultado deseado. Hacer que alguien se sienta importante es un lugar ideal para comenzar su interacción y una excelente manera de romper el hielo. Comience agradeciendo a su audiencia su tiempo, acompañado de un buen contacto visual y una sonrisa cálida.

El uso de preguntas abiertas para dirigir una conversación requiere práctica, aquí hay algunos ejemplos para comenzar:

¿Qué es importante para usted fuera del trabajo?

¿Cómo lograste todo lo que tienes?

¿Cómo podría ganar tu nivel de experiencia?

¿Cómo te sentiste acerca de lo que pasó?

¿Qué recuerdas del evento?

¿Qué haces para mantenerte motivado?

Mirando hacia atrás, ¿cómo habrías hecho las cosas de manera diferente?

¿Cuáles son tus sugerencias sobre posibles mejoras?

¿Cómo podría el grupo volverse más efectivo?

La mayoría de las preguntas abiertas comienzan con las palabras "qué, quién, dónde y cómo" y requieren más que una respuesta de sí o no. Estas preguntas están diseñadas para que las personas hablen y cuando las personas hablan... estamos escuchando, aprendiendo y obteniendo un mayor nivel de comprensión. Trata de evitar las preguntas y respuestas, ya que estas preguntas generalmente requieren respuestas de sí o no.

Si usted es el interrogado, tómese su tiempo y haga una pausa antes de contestar. Considera no responder la pregunta si te conviene más no hacerlo. Tu pausa te dará tiempo para crear una respuesta correctamente editada o para crear un esquivo inteligente. **En lugar de responder a la pregunta que te hicieron, responde la pregunta que desearías que te hubieran preguntado**. Este método funciona sorprendentemente bien y demuestra fuerza de carácter.

Conflicto

Hay muchas personas viviendo en este mundo, todas viviendo vidas muy diferentes con diferentes valores e intereses. A lo largo de nuestras vidas, cada uno de nosotros crea nuestros propios mapas y estrategias internas para ayudarnos a sobrevivir y prosperar en nuestro propio rincón del mundo. No hay dos experiencias iguales; esto hace que cada uno de nosotros desarrolle estrategias únicas para tratar con el mundo, lo que lleva a muchas soluciones para cada problema. Cuando un equipo se enfrenta a una decisión, los individuos pueden entrar en conflicto sobre qué curso de acción tomar, aunque tengan el mismo objetivo. Muchos métodos funcionarán bien y se complementarán entre sí, otros no. ¿Cómo resolvemos los conflictos mientras alcanzamos con éxito nuestros objetivos?

Hay tres formas estándar en las que las personas suelen lidiar con los conflictos. Fuga, lucha o abandono son nuestras opciones obvias, cada una con sus propios resultados inherentes de ganar o perder.

Evadir
Al evitar el conflicto, nosotros mismos perdemos y la situación puede resentirse, no hay garantía de que evitar un conflicto resuelva el problema. Podemos delegar las decisiones difíciles a otras personas y

pueden lograr una victoria para nuestro equipo, pero como individuos no lograremos ni conocimiento ni experiencia.

Lucha

La elección de luchar abiertamente demuestra un objetivo: el deseo de ganar. Para que ganemos, otro debe perder. Debemos ser victoriosos. Pero incluso con nuestra victoria asegurada, ¿hay una mejor manera?

Rendirse

Renunciar asegura una cosa, no ganamos nada, perdemos.

Compromiso

A menudo se cree que un compromiso es la mejor solución para todos, pero en realidad todas las partes deben perder un poco para que se pueda cumplir el compromiso.

Un verdadero consenso

Cuando rechazamos el modelo estándar de ganar-perder, otras opciones comienzan a revelarse. Trabajando en colaboración, muchas partes pueden desarrollar nuevas soluciones preferibles a un compromiso.

No tengas miedo de enfrentar los problemas incluso si provocan sentimientos negativos dentro del grupo. Siempre es mejor ventilar y resolver cualquier problema. Los problemas que quedan sin resolver se resuelven con el tiempo y, cuando finalmente lleguen a la vanguardia, serán mucho más difíciles de tratar.

Clasificando errores

Los errores vienen en muchas formas y tamaños, es importante que los clasifiquemos para mantener todo en perspectiva y aprender todo lo que podamos de ellos. En general, las personas actúan desde buenas intenciones y los errores nunca son personales. Las tres áreas que son la causa de la mayoría de los errores son la falta de **habilidad**, la falta de un **proceso** adecuado o la falta de **conocimiento**. Con estos tres ejemplos como la causa raíz de los errores, una vez que se comete un error, por lo general puede encajar en una de las siguientes tres categorías:

Desliz mental: cuando se sigue el proceso correcto pero se omite un aspecto del proceso, es incorrecto o no se ha completado correctamente.

Error humano general: cuando el proceso habitual no se sigue correctamente.

Error genuino: cuando no se realiza ningún proceso o se realiza un proceso incorrecto.

Resolución

¿Qué hay que cambiar desde aquí? ¿Es un proceso, una formación o un tema ambiental?

¿Cuál fue la intención detrás del error?

¿Qué hemos aprendido a través de esta experiencia y cómo ha aumentado nuestra comprensión?

Implementación del cambio

Define las razones y los valores clave para el cambio y enuméralos por orden de importancia, esto te permitirá obtener más información sobre los detalles más precisos de los cambios necesarios y las mejores estrategias para implementarlos y defenderlos.

¿Cómo reconocerás que el cambio se ha implementado con éxito?

Es importante que escribas tu estrategia para el cambio, así como los pequeños objetivos o señales que te permitirán evaluar tu éxito.

Al crear tu estrategia, presta especial atención a cualquier amenaza potencial y desarrolla planes para múltiples escenarios posibles, cada uno asegurando tu éxito.

Solicita el apoyo de quienes te rodean. Para implementar completamente un cambio, todos deben estar de acuerdo. Trabaja para poder explicar las razones y las ventajas del cambio en 3 minutos. Su resumen debe ser lo suficientemente convincente como para inspirar a su equipo y cimentar su coalición para el cambio.

FRASES INFLUYENTES QUE PUEDES USAR HOY

Hay muchas situaciones que parecen desalentadoras o incómodas, por lo que las evitamos por completo. Pero, ¿qué podemos hacer cuando nos vemos obligados a enfrentarnos a cuestiones como solicitar un aumento de salario o rechazar a una persona agresiva? En esta sección he presentado una serie de frases y estrategias para obtener lo que queremos. Las preguntas, tácticas e ideas que se describen a continuación están diseñadas para ser utilizadas al instante y se pueden probar hoy. Vamos, te reto.

Obtener un aumento de sueldo

Usted merece un aumento de sueldo, así como todos. Con demasiada frecuencia las personas son subvaloradas y trabajan demasiado, el problema es que la mayoría de las personas simplemente aceptan esto como el status quo. Pedir un aumento salarial puede ser una experiencia angustiosa, pero como en la mayoría de los casos, la clave es hacer las preguntas correctas. El método para solicitar un aumento en su salario es muy poderoso y tiene una tasa de éxito extremadamente alta.

1.Elige tu campo de batalla

No te limites a decir "¡Necesito más dinero!" durante una reunión. Lo mejor será solicitar hablar con el gerente en privado. Asegúrate de preguntar a la persona adecuada, no todos los superiores pueden implementar un aumento salarial, así que no pierdastu tiempo y ve directo a la cima.

2.Primera solicitud

Esta primera solicitud no está diseñada para ser aceptada, la primera solicitud es más bien una configuración para la pregunta del asesino.

PREGUNTA: "Gracias por su tiempo, quería hablar con usted porque tengo una pregunta y siempre ha sido muy comprensivo conmigo. ¿Crees que puedes ayudarme? Necesito un aumento de sueldo …………. "(Y luego esperar).

3.Respuesta más probable

Los jefes y gerentes se ocupan habitualmente de las solicitudes de aumentos salariales, por lo que esto no es nada nuevo para ellos. Si no aceptan su solicitud, se denegará de una de las siguientes maneras:

"No nos lo podemos permitir".

"Espera hasta el inicio del nuevo año financiero".

"Lo discutiremos durante su valoración".

"No tengo tiempo para discutirlo ahora".

4.Golpe asesino

A primera vista, el golpe asesino puede parecer un poco directo, y lo es. Sus superiores no estarán acostumbrados a este tipo de preguntas y, por lo tanto, es probable que reciba una respuesta honesta y positiva. Sus jefes y gerentes son personas intrínsecamente buenas y quieren ser vistos como tales. El golpe mortal los colocará en una posición en la que se verán obligados a verse a sí mismos desde una perspectiva positiva o negativa.

PREGUNTA: "He progresado mucho desde que comencé a trabajar aquí, ¿Crees que lo valgo?"

En este punto, su jefe/gerente puede tomarse un segundo para pensar, pero la única opción realista disponible para ellos es confirmar su valía y, por lo tanto, acordar un aumento salarial. La negociación de los montos te lo dejaré a ti.

El método anterior se ha intentado y probado, y ha funcionado una y otra vez. Es posible que se requiera un poco de valor para solicitar un aumento salarial, pero puede estar seguro de que recibirá un resultado positivo.

Usted cree que puede....?

Todos necesitamos ayuda de vez en cuando y podemos vernos obligados a pedirle a alguien que haga algo que sabemos que preferiría no hacer. Aquí está la mejor manera de preguntar.

PREGUNTA: "¿Crees que puedes ...??"

Esta pregunta involucrará directamente a la persona que está preguntando e internamente responderán que sí (siempre que la persona tenga la capacidad y el tiempo para completar la tarea). Hacer

esta pregunta no garantiza el éxito, pero le
dará la ventaja.

Cómo decir "no"

A muchos de nosotros nos resulta difícil
decir "no" sin sentir que estamos siendo
groseros. Hay muchas maneras de decir
no, sin decir "no", y aquí cubriremos
algunos de los ejemplos más útiles.

Contraoferta

La próxima vez que se le presente un plan
o una idea con la que no esté de acuerdo,
intente utilizar la técnica de contraoferta.
La contraoferta tiene dos partes activas, el
acuerdo y el reemplazo. Al decirle no a la
idea de alguien (especialmente a un jefe),
corres el riesgo de limitar sus ideas. En su
lugar, intenta ponerte de acuerdo con la
idea en principio y luego sugiere un
complemento o un cambio en la
dirección.Por ejemplo:

"Esa es una gran idea que funcionaría en la
mayoría de los casos, ¿puedo sugerir ...?"

Comparación de resultados

Lo que es bueno para el equipo es bueno para el individuo: trata de encontrar una "excusa" que incorpore los esfuerzos de todo el equipo. "Podría hacer eso, ahorrará tiempo hoy. O podría terminar esto primero para cumplir con nuestro objetivo semanal del equipo ".

TÁCTICAS RÁPIDAS QUE PUEDES USAR HOY

Muchas habilidades requieren mucho tiempo y esfuerzo para aprender y usar. A veces, todo lo que necesitamos es una solución que funcione, ya que no tenemos tiempo para explicar por qué funciona. Estos métodos "listos para usar" aumentarán la comprensión de tu equipo como individuos, sus sentimientos y las formas correctas de motivarlos. A continuación, se incluyen algunos consejos y tácticas que lo ayudarán a mantener y aumentar sus niveles de influencia en cualquier situación dada. El uso inteligente de estas técnicas le permitirá una mayor flexibilidad y conocimiento, los cuales actuarán para su éxito.

Crear herramientas

Crear y desarrollar tus propias herramientas es una excelente manera de obtener y mantener influencia sobre los procesos o comportamientos. Podemos crear modelos para medir, evaluar y tratar el mantenimiento del tiempo, los libretos de ventas, los programas de desarrollo y los informes orientados hacia el futuro para ayudar a asegurar nuestra sostenibilidad y productividad. Los informes orientados al futuro pueden ser herramientas extremadamente útiles para predecir los resultados del próximo mes. Como ejemplo de un informe orientado al futuro podríamos:

Revisa las ventas mensuales totales de cada producto en los últimos tres meses. Por ejemplo, si vendimos teléfonos móviles, nuestras ventas de los últimos 3 meses podrían ser enero = 10. Febrero = 8. Marzo = 9.

Combina los totales de un producto elegido para los tres meses. Siguiendo el ejemplo anterior, esto significa que tenemos un total de 27 ventas de teléfonos móviles.

A continuación, dividimos nuestras ventas totales (en este caso 27) por la cantidad de meses en que ocurrieron las ventas (tres meses). 27 ÷ 3 = 9.

Nuestra respuesta (9) es el promedio de ventas mensuales de los últimos 3 meses y es una estimación precisa de lo que podemos esperar de las ventas de teléfonos móviles en abril. Esta es la base de nuestro informe orientado hacia el futuro.

Al igual que los informes de ventas especulativos, los informes orientados hacia el futuro también deben incluir los riesgos y oportunidades imprevistos esperados y posibles. Las herramientas y los procesos que presentan información falsa deben ser rechazados. Estos procesos pueden parecer llenos de potencial, pero la reacción de usar tales métodos no éticos seguramente no vale la pena por las posibles recompensas.

Conviértete en un cuentacuentos

Cuando contamos una historia, tenemos la oportunidad de conectarnos directamente con los cerebros de nuestros oyentes. La metáfora y la sugerencia son nuestros aliados y, con el uso adecuado de las palabras, podemos interactuar de manera magistral y dirigir tanto a nuestro equipo como a los que nos rodean. Desarrolla un 'menú' o 'caja de herramientas' de historias que te permitirán hacer entender tu punto de vista o inculcar en otros la importancia de tus valores. Los mejores narradores hablan directamente al subconsciente de la audiencia, evocando emociones poderosas desde nuestros motivos e instintos más básicos.

Conviértete en un traductor

La superioridad y la autoridad tienen muy poco que ver con el conocimiento y la experiencia. Los Directores Ejecutivos requieren expertos para ayudarlos a comprender adecuadamente los patrones y resultados. Esto permite que los expertos se vuelvan fundamentales en el proceso de toma de decisiones. Los expertos utilizan conjuntos de habilidades especializadas para discernir el significado de los eventos actuales y para interpretar adecuadamente los resultados. En ocasiones, traducir puede significar la habilidad de resumir inteligentemente ideas, valores y obstáculos de manera simple, pero atractiva, que todos puedan entender. A las personas les gusta la gente que les habla en su nivel; hay muchas maneras en que podemos mejorar nuestra habilidad natural para transmitir y transmitir conocimientos.

Presta atención a las palabras de otros, o más correctamente, presta atención a los tipos de palabras que otros utilizan. Como se discutió anteriormente, cada uno de nosotros procesa la información de maneras ligeramente diferentes. La mejor manera de identificar el estilo de procesamiento de una persona es evaluando su lenguaje por medio de los 5 sentidos.

Los pensadores visuales usan palabras y frases como: Mira, vi, periférico, visualiza, veo lo que quieres decir, no puedo ver que eso suceda, vi que viene uno, estamos aquí en la oscuridad, hay una luz al final del túnel, perspectiva, ilustra, bien dibujado, puedo imaginarlo ahora.

Los pensadores auditivos usan palabras y frases como: Escucho lo que está diciendo, esta opinión es repetida por el grupo, me gusta el sonido de eso, el tono del mensaje estaba apagado, la caja de resonancia.

Los pensadores kinestésicos usan palabras y frases como: agárrate allí, sujétate, está a tu alcance, esa idea me da escalofríos, estabilidad, un sujeto de peso, conlleva impulso, frío como el hielo, debate acalorado.

Una vez que hayamos notado un grupo de estas palabras y dichos, podemos adoptar el mismo tipo de lenguaje para el resto de la interacción y todas las interacciones siguientes. Esto nos permitirá 'hablar el mismo idioma' en un nivel interno, lo que conducirá a conexiones más significativas y una mayor influencia.

CONSEJOS DE LENGUAJE CORPORAL

Ciertos gestos son reconocidos instantáneamente e instintivamente y asociados con sentimientos negativos o incomodidad. Cualquiera de estos gestos o movimientos por sí solos no es suficiente para dar una idea definitiva de la verdadera actitud o sentimientos de una persona. Sin embargo, una combinación de estos gestos, posturas y movimientos, junto con el contexto de la situación, le permitirá obtener información valiosa. Lo ideal es que busques un grupo de 3 a 5 "señales" de lenguaje corporal para comenzar a leer con éxito a una persona.

La lectura del lenguaje corporal requiere práctica, pero es muy divertido. Adopta el hábito de leer el lenguaje corporal de quienes te rodean y en poco tiempo comenzarás a ver y predecir patrones y comportamientos. Las dos cosas principales que busca son signos de comodidad o incomodidad. Con estos puntos de partida, no tardarás mucho en comenzar a notar las sutilezas de cada uno, indicando y coincidiendo con el espectro emocional. Mira los ejemplos a continuación desde las perspectivas tanto del orador como de la audiencia, luego aplícalos a tu propio lenguaje corporal.

Tocar la cara con frecuencia.

La cabeza ligeramente inclinada hacia la izquierda indica que el oyente está prestando mucha atención.

La cabeza dirigida al piso o alejada de la audiencia puede significar engaño o inseguridad.

Morderse o picarse los labios indica ansiedad.

El chasquido de la lengua significa incomodidad.

Cubrir la boca con una mano significa incomodidad y/o decepción.

Los niveles bajos de contacto visual pueden significar una serie de cosas según el contexto, tenga cuidado de no asumir que alguien está siendo engañoso, ya que puede ser tímido y la falta de contacto visual puede ser sólo un mal hábito de la persona.

El parpadeo excesivo puede ser causado por el estrés, la alta concentración o el engaño.

Los gestos como frotarse las manos, frotarse los dedos y jugar con el cabello se conocen como desplazamientos o gestos autocomplacientes y pueden indicar malestar o aburrimiento.

Golpearse los dedos o los pies significa ansiedad, estrés, incomodidad y aburrimiento.

El estrechamiento de los ojos por lo general indica disgusto.

Frotarse las manos por lo general significa ansiedad.

Los brazos y piernas cruzados indican actitud defensiva o autoconciencia.

Un lenguaje corporal abierto indica veracidad.

Ambas manos a la vista o mostrando las palmas pueden indicar comodidad y aceptación.

Los puños cerrados indican ansiedad, rechazo y posible frustración.

Una inclinación es señal de que el oyente está prestando atención.

Las emociones clave a tener en cuenta son: ACEPTACIÓN, RECHAZO, GUSTO, DISGUSTO, INTERESES, ABURRIMIENTO, VERDAD y DECEPCIÓN.

Sonreír

Una sonrisa transmite amabilidad y confianza, no hay necesidad de ser falsos, las personas pueden naturalmente sentir falsificaciones y desconfían de las sonrisas falsas. La sonrisa es más poderosa cuando se combina con la postura correcta, recta, cabeza arriba.

Sonríe al entrar en la habitación.

Al conocer nuevas personas (recordar el contacto visual).

Mientras hablas por teléfono.

A lo largo de una presentación o hablar en público, a menos que el contexto indique lo contrario.

Contacto visual

El contacto visual hace conexiones en un nivel emocional y puede hacer magia para nosotros cuando se usa correctamente, pero al mismo tiempo puede hacer que nos parezcamos como individuos conscientes de poco valor. Las formas en que se mueven los ojos de las personas nos pueden dar una idea de su proceso de pensamiento actual. Los siguientes ejemplos no son reglas establecidas en piedra, son ejemplos generales que por sí solos no tienen mucho significado. Debemos buscar y observar grupos de movimientos oculares, lenguaje corporal y patrones del habla que coincidan entre sí antes de poder evaluar los sentimientos, intenciones y procesos de pensamiento actuales de un individuo. Las descripciones a continuación son de su posición (del espectador), cómo está mirando a la otra persona.

El movimiento del ojo hacia arriba y hacia la izquierda indica la creación de imágenes mentales.

El movimiento de los ojos a la izquierda indica sonidos creados internamente.

El movimiento del ojo hacia la izquierda indica que la persona está experimentando sentimientos o sensaciones corporales.

El movimiento del ojo hacia arriba y hacia la derecha indica imágenes/imágenes recordadas.

El movimiento del ojo hacia la derecha indica el recuerdo de los sonidos.

El movimiento ocular hacia abajo y hacia la derecha indica que se está produciendo un diálogo interno.

Establecer rivalidades

El establecimiento de rivalidades aumenta y refuerza su influencia en varias formas, inspirará a su equipo, generará camaradería y fomentará los factores de apoyo. Las rivalidades nos empujan a tener éxito y demuestran que no tememos a la confrontación, esto solo es suficiente para desviar a los rivales y competidores.

Los perdedores se centran en lo siguiente

¿Quién causó el evento?

Yo soy/Ellos son incompetente/s.

¿Por qué me pasa esto a mí?

Yo siempre/ellos siempre hacen esto.

Evitar o tener miedo de probar cosas nuevas.

Problemas.

Juntando todo

Ya sea que elijas un enfoque estratégico con una dirección a largo plazo, utilizando tácticas competitivas y una mano guía para optimizar al equipo, o adoptes un estilo de liderazgo centrado en la tarea, liderando desde el frente y delegando en tu equipo, se te pedirá que adaptes y refuerces tu conjunto de habilidades de forma regular. Los líderes poseen niveles extraordinarios de compromiso y dedicación al desarrollo personal. Todos los días deben tratarse como un día escolar y de desarrollo personal, un viaje de por vida.

No emita juicios a lo largo de los procesos creativos, restringe tu propio juicio y el juicio de los demás hasta que todas las ideas hayan sido expresadas. El proceso de intercambio de ideas es extremadamente importante y no debe pasarse por alto.

Las habilidades de pensamiento estratégico mejorarán su comprensión, permitiéndole mayores opciones y perspectivas. Los pensadores estratégicos anticipan fácilmente el cambio, dándoles la ventaja si actúan de manera proactiva.

Pensar en el futuro no es suficiente. Al planificar eventos futuros o al iniciar un cambio, todos los sentimientos de avaricia / miedo / duda deben ser ignorados, ya que conducen a decisiones emocionales y no éticas.

Las habilidades de pensamiento racional te permitirán entender y leer con éxito a otros. Esta habilidad esencial es el primer paso para influir y liderar a otros.

Las habilidades de percepción avanzada, incluidas las habilidades de escuchar, se deben practicar diariamente.

La observación racional (derivada del conocimiento y la experiencia), y la creatividad son los pilares de la influencia.

La flexibilidad es primordial. Ser flexible te permitirá mayores opciones y por lo tanto mayor capacidad de influenciar.

Sé claro acerca de tus objetivos y cómo serán reconocidos y medidos.

Siempre presta atención a lo que dice la gente, cómo lo dicen, por qué lo dicen y el lenguaje corporal que lo acompaña.

Desarrolla múltiples estrategias para cada situación para estar preparado para cualquier eventualidad.

Busca soluciones a largo plazo, las soluciones a corto plazo son una pérdida de tiempo y esfuerzo.

Siempre busca lo mejor en los demás.

Solo participar en proyectos que valgan la pena.

Antes de actuar, define tus valores y cómo ellos se relacionan con los eventos.

Cuidado con las justificaciones, haz lo correcto.

No tengas miedo de intentarlo. Cuando los demás te vean esforzarte, querrán hacer lo mismo.

Una vez dominadas, tus nuevas habilidades demostrarán ser tan poderosas como valiosas. Alcanzarás un nuevo nivel de comprensión, brindando una verdadera profundidad ética a tus causas, que unirán a otros para ayudarte a alcanzar tus metas.

Siempre asegúrate de actuar desde un lugar de confianza y cooperación a menos que tengas información opuesta. La no cooperación debe tratarse de inmediato, prestando especial atención a la falta de confianza y sentido de unidad de su disidente.

Eliminar el pensamiento de suma cero

El pensamiento de suma cero es un retroceso evolutivo que, sin duda, sirvió para protegernos en el pasado. Sin embargo, ahora este estilo de pensamiento es obsoleto e incluso peligroso. El pensamiento de suma cero consiste en tres creencias limitantes básicas:

1. Los recursos son escasos, no hay suficiente para todos.

2. No debo compartir información y conocimiento ya que otros usarán esto en mi contra.

3. La desgracia de los demás me ayuda. En otras palabras, mi éxito se suma y se asegura con el fracaso de los demás. Lastimar a los demás es bueno para mí.

La próxima vez que te encuentres actuando desde cualquiera de estas creencias, haz un esfuerzo consciente para reemplazarlo con uno o más de sus respectivos opuestos:

Los recursos disponibles son mayores de lo que cualquier persona podría imaginar y mucho menos ser capaces de usar a plenitud.

Cualquier recurso que no posea actualmente puede ser creado o adquirido.

El intercambio abierto de conocimientos permite a todas las partes una estrategia adecuada, lo que conduce a la colaboración y la innovación.

Podrías hacerlo terriblemente mal y aún así seguir haciéndolo mejor que tus pares y la competencia.

www.ingramcontent.com/pod-product-compliance
Lightning Source LLC
Chambersburg PA
CBHW051718020426
42333CB00014B/1044